CB079590

# Radiografia da alma

PE. HEWALDO TREVISAN

# Radiografia da alma

Planeta

*Preparação:* Norma Marinheiro
*Revisão:* João Olivério
*Capa:* Henrique Theo Möller
*Foto de capa:* Edu Marques

Dados Internacionais de Catalogação na Publicação (CIP)
(Câmara Brasileira do Livro, SP, Brasil)

Trevisan, Pe. Hewaldo
Radiografia da alma / Pe. Hewaldo Trevisan. –
São Paulo : Editora Planeta do Brasil, 2010.

ISBN 978-85-7665-562-6

1. Ética cristã 2. Pecados capitais I. Título.

10-10394 CDD-241.3

Índices para catálogo sistemático:

1. Pecados capitais : Ética cristã : Teologia moral 241.3
2. Vícios capitais : Ética cristã : Teologia moral 241.3

2010

EDITORA PLANETA DO BRASIL
Avenida Francisco Matarazzo, 1500 – 3º andar – conj. 32B
Edifício New York – 05001-100 – São Paulo-SP
vendas@editoraplaneta.com.br
www.editoraplaneta.com.br

*Dedico este ensaio à minha grande pedagoga da fé:*
*d. Maria Aparecida Trevisan de Souza.*

*Ando devagar porque já tive pressa*
*levo esse sorriso porque já chorei demais.*
*Hoje me sinto mais forte, mais feliz quem sabe*
*só levo a certeza de que muito pouco eu sei, eu nada sei.*

*Tocando em frente*
Almir Sater e Renato Teixeira

# Sumário

# Introdução

Há mais ou menos 30 anos, quando eu ainda buscava os rumos da minha fé, participei de um retiro espiritual, com o qual me surpreendi. Naquela época, por volta dos anos 1970, o retiro era baseado no trabalho de leigos que acreditavam na força do Evangelho e nas experiências praticadas pelos católicos na Universidade de Michigan, nos Estados Unidos, que ficaram conhecidas como pentecostalismo.

Para mim, tudo era novidade. Mesmo sem nunca ter-me afastado da Igreja, aquela experiência de renovação carismática de dizer que Jesus curava nossas doenças e traumas era uma coisa inovadora. Até então, não era usual a visão de que Ele tem autoridade e poder para entrar em nossos corações e nos libertar.

Escrevo este livro para celebrar meus 20 anos de sacerdócio e 50 de idade. A soma dessas duas experiências é igual a 70, número cujo significado bíblico é de fartura de Deus, plenitude, abundância e época do descanso.

E depois de todo esse tempo, tendo ouvido e visto tanta coisa que me fez crescer e descobrir novos caminhos, tendo vivido experiências como a que acabo de contar, acredito que uma das minhas vocações é passar e dividir um pouco de tudo isso com você, leitor.

Os anos passaram depressa, mas houve tempo de fazer muita coisa, inclusive este livro, que me permitirá alcançar mais pessoas e ajudá-las a refletir e crescer um pouco mais em suas maravilhosas trajetórias de vida.

Escolhi como tema a doutrina dos sete pecados capitais. Seria muita pretensão da minha parte tentar resolver a questão, mas posso oferecer ao leitor meios mais fáceis de conhecer um pouco mais sobre esses vícios capitais e, quem sabe, encontrar maneiras de superá-los.

Confesso que sempre admirei a postura de São Paulo, que dizia que temos que ansiar ter a maturidade de Cristo. Uma personalidade equilibrada do ponto de vista afetivo, psíquico e moral. É um desafio enorme para nós, tão marcados pela força do pecado e, como afirma a doutrina, manchados pelo pecado original. Precisamos lutar muito para chegar à estatura de Cristo e à santidade de vida proposta pelo Evangelho: "Sede santos como meu Pai é santo"; isso está ainda muito distante de nossas capacidades.

Todavia, analisando os vícios capitais, sua origem e o estrago que fazem em nossas vidas, podemos iniciar um processo de superação e, contando com a doutrina da redenção, nos tornar ainda melhores. Como prega a escola franciscana, "mesmo que o homem não tivesse pecado, Jesus teria vindo ao mundo para ensinar-nos a viver a belíssima experiência da vida".

Para compor este livro, servi-me também de muitas e boas conversas com o psicólogo clínico Márcio Antônio Gonçalves, professor da Faculdade Católica de Uberlândia, que, com a sabedoria de um mestre, apontou caminhos em sua área de atuação. Além do professor Gonçalves, consultei outros psicólogos e teólogos, que fizeram preciosas contribuições. Assim, leitor querido, você encontrará aqui, além da minha própria experiência de vida, estudos e pesquisas que fiz sobre a *Suma teológica* de Santo Tomás de Aquino, teólogo do século 13 que elaborou a doutrina dos pecados capitais.

Essa será a primeira de muitas vezes que falarei que não tenho a pretensão de superar ou esgotar o assunto, mas posso garantir que conseguiremos extrair algo "novo" de um assunto tão importante ao longo da história do cristianismo e que continua muito pertinente nos nossos dias.

Se você, leitor, tiver a coragem de sentar e deixar o coração falar mais alto, poderá dar um pulo qualitativo em sua caminhada humana e cristã, assim como eu comecei a fazer exatos 30 anos atrás, guiado pelas mãos de uma ilustre senhora chamada d. Terezinha Nascimento Ferreira, que, juntamente com os padres Eduardo Douguerty, Jonas Abib e Haroldo Rahm, me conduziram por essa experiência.

CAPÍTULO I

# Pelos caminhos da História

Desde os primórdios do cristianismo, nós somos assombrados por uma preocupação acerca da origem do pecado, ou melhor, das consequências dele em nossa vida, e isso se dá porque nem sempre temos clareza do que os desvios morais podem causar em nossa personalidade.

A doutrina dos pecados capitais é fruto de grande empenho por parte de escritores e teólogos como João Cassiano e Gregório Magno, que tentam, à luz da palavra de Deus, explicar o fenômeno do pecado, que aflige toda a humanidade e faz um estrago tremendo. Será que o homem quer destruir o plano de Deus para sua vida? Será que todas as vezes que pecamos temos consciência de que estamos infligindo uma norma e uma orientação eticamente marcadas em nossa alma? Será que temos a ciência de tudo isso e, mesmo assim, continuamos querendo ferir os desígnios de Deus?

É talvez por essas e outras questões que toda a patrística (período que compreende os primeiros teólogos da Igreja) se volta para a análise dos pecados capitais – em latim *caput*, cabeça – que estão na origem de todos os outros pecados.

Assim, começamos a perceber que muitas vezes pecamos não porque queremos, mas porque há em nós uma tendência ao pecado, da qual nem sempre temos total controle. Sobretudo se não conhecemos essa nossa propensão. Daí a importância de conhecer e superar a si mesmo.

Depois de João Cassiano e Gregório Magno, quem mais se preocupou com essa doutrina foi, sem dúvida, Santo Tomás de Aquino, o maior teólogo da história do cristianismo, que repensou a experiência do pecado na história humana à luz de uma teologia antropológica acumulada ao longo dos séculos.

Como pode um homem que foi criado para viver no paraíso, coberto de regalias e gozando da graça de poder "ver" o criador, jogar tudo fora para abraçar o pecado? Como pode esse homem romper com a vida divina para levar uma vida errante, perseguindo incansavelmente algo que acredita ser a verdadeira felicidade? Nada parece fazer sentido. Como deixar o bem e as coisas boas para viver buscando o mal, ainda que não tenha consciência desse desvio? Para começarmos a entender isso é preciso, primeiro, compreender bem a parábola do filho pródigo (Lc 15).

A doutrina dos vícios capitais nasce, portanto, no contexto histórico e teológico da tentativa de apreender as razões dessas tendências humanas para o mal, quando todo ser foi criado por Deus para viver bem e em paz, ser feliz e plenamente realizado. A utopia do paraíso não pode ter-se desvanecido simplesmente porque o homem pecou. Os dons naturais e preternaturais não podem ter-se perdido pela "ira" de Deus, que amaldiçoou sua própria criação. Teria Deus agido como Michelangelo, que, ao concluir a estátua de Moisés, contemplou sua bela criação e, admirado de seu próprio talento, tomou de um martelo, acertou a estátua e disse: "*Parla* [fala]!"?

Não somos fantoches nas mãos do criador. Deus nos criou para o bem e para a felicidade plena e completa.

Santo Tomás levou a doutrina dos pecados capitais ao máximo da reflexão. E, até hoje, ela emerge para nós como uma doutrina capaz de fazer o homem moderno compreender seus limites, suas tendências, seus erros, seu pecado, mas, sobretudo, abre a possibilidade de converter-se ao bem.

Sabemos que os vícios comprometem nossa conduta de maneira singular. Tornam-se uma restrição autêntica à liberdade humana e nos condicionam para o mal. Os vícios atingem em cheio nossa personalidade e direcionam nossas ações.

Veja, por exemplo, uma pessoa viciada em drogas. Toda a sua conduta é ditada pelo vício. Suas ações passam a ser determinadas pela sua dependência. Seu comportamento se torna aos poucos estranho e comprometedor, pois daquele vício ou do que precisa fazer para sustentá-lo nascem outros vícios. Quantos dependentes químicos partem para o roubo ou a prostituição para manter o vício original, que são as drogas? Na verdade, aquele pecado (capital) gerou outros tantos. Uma deformação da personalidade e do comportamento que pode tornar uma pessoa hostil e perigosa.

Não são poucos os casos de dependentes químicos que mataram pessoas da família para sustentar o vício. Isso não significa que tenham deixado de amar a família, mas sim que o vício capital era mais forte. Quantas pessoas se tornaram estranhas e perigosas para suas famílias porque, quando dominadas pelo vício, não eram capazes de avaliar as consequências de suas atitudes no afã de satisfazê-lo? Lembro-me com espanto de um jovem do Sul do país que foi morto pela própria mãe, que não suportava mais ver o sofrimento e a destruição de toda a família causados pela dependência química do filho. Depois de todas as tentativas de recuperá-lo terem falhado, o desespero levou essa mulher a uma decisão radical de consequência trágica.

Acompanhei de perto também o caso de um jovem viciado que, ao roubar de parentes para comprar crack, colocava a todos em risco. A família tentou de tudo para demovê-lo do crime, até internação em clínicas de recuperação, mas nada resolvia o problema. Por fim, a única opção que restou à família foi prestar queixa à polícia e pedir a proteção do Estado contra o próprio filho.

Certo dia, logo no início de meu ministério, fui chamado a atender um rapaz na maior e mais segura penitenciária do país. Confesso que fiquei tenso ao entrar naquele ambiente e ouvir as várias portas se fechando atrás de mim. Caminhei até chegar a um corredor comprido onde ficavam as celas. De lá, se podiam ver apenas as pequenas janelas que davam para o interior do pátio. Quando cheguei à cela indicada, vi pela pequena janela um jovem bonito, mas triste e abatido. Devia ter 25 anos no máximo e estava vivendo como um animal enjaulado. Numa noite, ao chegar em casa completamente drogado, ligou o som e, ao ser repreendido pela mãe, matou-a. Em seguida, fez o mesmo com o pai, que ainda tentou reagir, e com a irmã menor, que estava dormindo. Matou a família toda e depois saiu para se divertir.

Em nossa conversa, ele falou de muitas coisas, até de seus sonhos e projetos, mas não tocou no assunto do crime. Confesso que saí dali perplexo com aquilo que o ser humano é capaz de fazer sem sequer arrepender-se.

Eu, particularmente, não creio que o homem nasceu para o mal, mas à luz da graça de Deus com uma propensão para o bem e para a felicidade. Suas opções, quando não são boas e favoráveis, é que o tornam frágil e fragilizado pelo pecado. Não quero aqui entrar na questão do demônio como criador e princípio do pecado, pois o demônio não tem o poder de entrar no coração humano e determinar as situações.

> O demônio apresenta o mal, mas a decisão final cabe ao homem, pelo seu livre arbítrio, como agente de sua própria história.

No livro do Gênesis, capítulo 1, sobre o mito da criação, e capítulo 3, sobre a queda do homem, o mal é apresentado ao homem e à mulher como algo externo a eles, uma tentação, mas aceitá-lo ou não é uma questão de foro íntimo. O tal fruto (muitas vezes traduzido erroneamente por "maçã", do latim *malus*) era, a princípio, um alimento interessante, belo e atraente, como é o pecado quando nos é apresentado. Ninguém escolhe conscientemente o pecado, mas cede à tentação do que parece tão aprazível. O vício se mostra quase sempre agradável, ou, de outro modo, não teria sucesso e seria deixado para trás. Quanto mais interessante e prazeroso for o pecado, mais desastroso será o seu melhor efeito.

Costumo chamar de "pecado de estimação" aquele vício que não conseguimos evitar e que tantas vezes se mostra mais forte que nossos princípios.

Como confessor, sempre pergunto: você se sentiu feliz por ter feito tal coisa? E o penitente responde quase sempre da mesma maneira: "Não!". E completa: "Foi mais forte do que eu!".

Em meu dia a dia, preciso compreender as atitudes humanas e a fragilidade das tantas pessoas que nos procuram com suas dores e experiências negativas, machucadas pela vida. Costumo dizer aos meus colaboradores que, quando alguém vem à Igreja, não está vindo por nossa causa, à nossa procura, mas ao encontro de Cristo.

Conhecer a história de cada um e suas consequências, sua criação, seus traumas de infância, seus medos, sua relação com o pai e a mãe, suas decepções amorosas, os castigos que lhe foram impostos, suas experiências religiosas frustradas, a imagem de Deus que recebeu na infância, sua concepção de inferno, de pecado, de purgatório, do que é a falta de pureza me ajuda a julgar com menos rigor a fragilidade alheia e me faz avaliar também meus próprios melindres. Como disse o filósofo Ortega y Gasset: "Eu sou eu e minha circunstância", ou seja, a vivência forma a personalidade de uma pessoa, que às vezes perde a luta contra seus instintos.

> Se um pastor, confessor, desconhece a história de uma pessoa, ele acaba sendo apenas mais um juiz na vida dela e mais uma experiência frustrada em relação a Deus.

Dia desses, eu estava em meu escritório quando uma senhora, em pranto, entrou e pediu, pelo amor de Deus, que a atendesse naquele momento. Contou que havia procurado um confessor e quando disse a ele que não era casada na Igreja, não por culpa dela, mas porque o marido era de outra religião e não aceitava o sacramento, o padre, segundo ela, ordenou-lhe aos gritos que se retirasse imediatamente e só retornasse ali no dia em que abandonasse aquele homem. Ela então me perguntou: "Como posso largar o pai dos meus filhos e o homem a quem sou fiel há mais de 30 anos? Infelizmente, terei de deixar a Igreja".

Não são poucas as vezes que impomos às pessoas nossa intolerância. Sobretudo quando somos casuístas e legalistas demais. A lei não pode ser maior e mais forte que o amor. Somos instrumentos da Graça de Deus e é isso que as pessoas esperam encontrar quando batem à nossa porta.

Voltemos a falar dos instintos:

Se dermos a uma criança uma chupeta com pimenta, na próxima vez que uma chupeta lhe for oferecida ela não vai querer nem olhar para o objeto. Aquilo que antes lhe trazia tanto prazer, agora lhe causa terror. Mas, de outro modo, se a mãe coloca açúcar na chupeta, a sensação será de prazer, e a criança sempre vai querer receber a chupeta. Se o vício capital não fosse prazeroso, não teria, evidentemente, uma segunda chance conosco. Todos os vícios são prazerosos, mas nem por isso são edificantes ou deixam de ter consequência.

Jesus diz: "O que mancha o coração do homem é aquilo que vem de dentro do seu coração". Aqui, ele se refere às opções de que dispomos: nada ocorre sem o nosso consentimento. Uma arma, um cigarro ou um prato de comida são coisas inanimadas, estáticas, passivas. A decisão de possuir e de como usar essas coisas nasce no coração do homem. Se não impusermos limites aos vícios originais, uma série de outros vícios se desencadeará destes.

> As tendências ao pecado podem se tornar grandes e fortes o suficiente para aniquilar os bons propósitos, cegar a inteligência e fazer-nos agir por puro instinto, sem nenhum controle.

Nesse particular, ouso discordar de Gandhi. Ele dizia que "os únicos demônios do mundo são aqueles que entram em nossos corações e é aí que a batalha deve começar". Prefiro a espiritualidade de santa Teresa d'Ávila, que afirmava que Sua Majestade, Deus, habita em nosso castelo interior e que se deve a Ele toda a reverência e obediência. Nosso coração é morada exclusiva do Senhor. Nossa morada ou castelo interior precisam estar limpos e purificados para tão excelsa presença.

CAPÍTULO II

# A emergência espiritual e a crise do mundo de hoje

O mundo atual tem conquistado inúmeras maravilhas na área da tecnologia. Fico particularmente admirado com as facilidades proporcionadas pelas novidades tecnológicas – a informática, a telefonia, os controles remotos, os robôs, os satélites – e com a maneira como a informação atravessa o planeta em questão de minutos. O homem passou das cavernas para o mundo da informática, embora milhões de pessoas ainda não tenham acesso a tudo isso. Recentemente, durante uma missão, conheci cidades do Brasil que ainda não possuem energia elétrica e pessoas que, vivendo ali, são privadas de todas essas conquistas.

Contudo, não se pode deixar de notar que, em meio a tantos avanços, manifesta-se ainda o lado obscuro do ser humano, que constrói armas nucleares capazes de destruir o mundo em uma fração de segundos. Que mente diabólica pode pensar em destruir a vida dos outros como se fosse o senhor da história?!

As guerras mundiais estão aí para provar do que o ser humano é capaz. A humanidade inteira vive sob o medo de uma guerra atômica, que significaria o extermínio da vida neste planeta.

> Ter perdido a consciência do pecado e de suas consequências coletivas é, sem dúvida alguma, o maior pecado da humanidade, como nos dizia o papa Pio XII.

Por todos os lados surgem vozes de pacifistas preocupados com o futuro do universo, mas são tão baixas e pouco ouvidas que as forças da guerra, muito mais altas e mais eficazes, acabam por sufocá-las. Em nome do progresso, os países tecnologicamente desenvolvidos vão realizando sonhos de grandeza cada vez maiores. O acúmulo de riquezas e poder faz surgir armas que podem destruir a humanidade por completo. Ficariam ricos para quê, se não terão a quem governar e com quem comercializar?

Vivemos uma crise mundial. E, sem querer ser "religioso", mas apenas um analista, vejo com desesperança as opções que fazemos particular ou coletivamente. Apesar de nossas ações nunca serem inteiramente isoladas, já que sempre possuem uma conotação coletiva e podem comprometer muitas pessoas. O meu pecado pessoal, o meu vício capital, pode ser a causa da ruína e desgraça de outras pessoas. Não existe decisão totalmente isolada e despretensiosa (Catecismo da Igreja Católica 1887).

O problema da fome, da miséria, das doenças está sempre relacionado com algo que partiu de alguma opção desorientada e egoísta. O *Homo sapiens* não é tão sábio assim! Age de modo inconsequente. Em vez de comer uma maçã e se dar por satisfeito em matar sua fome, ele come uma e guarda outras tantas para garantir que nada lhe faltará. Esse é um gesto de egoísmo, é querer ser o centro do universo e não olhar à sua volta.

Os grandes problemas da humanidade são decorrentes de um coração perturbado e de um estado emocional equivocado que provocam distúrbios em nível social.

A falta de valores éticos que regulamentem as relações humanas desencadeia os grandes desencontros que o homem moderno está vivendo. Na origem de tudo estão eles, os vícios capitais, dominando, determinando as atitudes, conduzindo as relações, estabelecendo normas, promovendo guerras.

Enquanto os ambientalistas não despertarem para isso, continuarão proferindo seus belos discursos em vão, sem jamais alcançar um efeito prático para o futuro da humanidade.

Conhecer-se para superar-se é um desafio, e é preciso que vençamos esse desafio para salvar a todos do caos em que vivemos e da doença generalizada que nos aflige.

É interessante notar que até os antropólogos modernos e os ambientalistas percebem que os problemas mundiais passam pelos desajustes internos e espirituais e que um homem desequilibrado pode gerar mais desequilíbrio e afetar o coletivo de forma desastrosa.

> Como nos ensina Jung, as pessoas que sabem reconhecer suas "sombras", analisá-las e integrá-las, poderão ser mais equilibradas e felizes. Tenderão a uma existência mais madura, com mais qualidade e mais respeito à vida.

Mais do que nunca, chego à conclusão de que aqueles que não respeitam a vida são os piores demônios que a humanidade conhece. Nisso esbarram todas as formas de poder e de domínio. Pois quem manda e subjuga os outros não compreendeu a utopia de Jesus de servir ao próximo.

O verdadeiro exercício de autoconhecimento nos leva a evoluir espiritualmente e, assim, tendemos a crescer como pessoas, aumentamos nossa autoestima, superamos sombras e começamos a ver que os interesses da humanidade são maiores que nossos interesses pessoais. A superação do egoísmo torna o cidadão aberto aos outros e, consequentemente, mais solidário aos problemas da humanidade.

Não conheço ninguém melhor para citar, além de Jesus Cristo, do que São Francisco de Assis. Homem íntegro, equilibrado, moderno e santo.

Santidade é algo que passa inevitavelmente pelo equilíbrio. Tem muita gente que acredita que, ao invés de orar mais, precisa aumentar a dose de tranquilizantes. Somente pessoas equilibradas e amadurecidas podem experimentar a grandeza da "estatura" de Cristo, como nos reforça São Paulo. Tenho minhas reservas com relação a pseudossantos, estereotipados, que surgem em movimentos espiritualistas querendo consertar o mundo. Há muita gente perturbada em nossas filas. O espaço religioso, quando não é bem orientado e devidamente pastoreado, tende a favorecer esse tipo de comportamento. Pelos tantos problemas e frustrações que já houve, seria condição *sine qua non* que todos os futuros padres, pastores e formadores conhecessem o mínimo de psicologia. Estariam fazendo um bem enorme a si mesmos e ao povo.

Reforço a figura de Francisco de Assis, que alcançou a santidade graças a seu equilíbrio em relação ao cosmos e ao homem. Ele foi capaz de compreender que todas as criaturas possuem espaço neste mundo e devem ser respeitadas. Conta a tradição que São Francisco tirava as lesmas da estrada para que não fossem pisoteadas. Homem de Deus, mas com os pés na terra, na natureza, no respeito à vida, homem das dores, como Cristo, e cheio de ternura, de arte, de emoção.

Não é à toa que Francisco de Assis é chamado tradicionalmente de *alter Christus*, ou seja, outro Cristo na Terra.

CAPÍTULO III

# Os vícios capitais

O catecismo da Igreja Católica nos apresenta no parágrafo 1866 a doutrina dos sete pecados capitais. Ela nos dá um perfil dos preceitos católicos no início do cristianismo e da sua preocupação em proteger os fiéis que abraçavam a fé desses desvios e dos males que poderiam causar à alma humana. Faz-se mister ressaltar que essa lista não é mencionada na Bíblia, como já afirmamos anteriormente, mas não podemos deixar de lembrar que foi na prática cristã que eles surgiram em contrapartida às virtudes propostas no Evangelho.

Foi, na verdade, Santo Tomás de Aquino que, no século 13, elaborou a doutrina dos pecados baseado nas tradições bíblicas e nas reflexões de São Gregório Magno (século 6) e de outros padres da Igreja.

Na enumeração de Santo Tomás de Aquino, os vícios capitais são a vaidade, a avareza, a inveja, a ira, a luxúria, a gula e a acídia. São Paulo, por sua vez, definiu os sete principais vícios de conduta: gula, luxúria, avareza, ira, soberba, preguiça e inveja (Rm 1), mas a lista só se tornou oficial para a Igreja Católica no século 13.

A reflexão bíblica nos fala ainda de uma lista de pecados que o Senhor abomina. O livro dos Provérbios (Pv 1:16-19) declara: "Estas seis coisas o Senhor odeia, e a sétima sua alma abomina: 1. Olhos altivos. 2. Língua mentirosa. 3. Mãos que derramam sangue inocente. 4. Coração que maquina pensamentos perversos. 5. Pés que se apressam a correr para o mal. 6. Testemunha falsa que profere mentiras. 7. Aquele que semeia discórdia entre os irmãos".

Vemos assim que a lista é grande, e maior é a sabedoria de não se deixar guiar por ela. Essa lista bíblica não corresponde, *grosso modo*, à lista de Santo Tomás, mas, evidentemente, as duas se entrelaçam, pois demonstram que o pecado não é aceito e querido por Deus. Como diz Paulo aos Romanos (Rm 6:23): "Todo pecado resulta em morte". Mas através de Jesus Cristo e por sua graça todos os pecados, incluindo os capitais, podem ser perdoados (Mt 26:28).

Há algum tempo, a imprensa disse que a Igreja estava propondo uma nova lista de pecados capitais, da qual constariam a manipulação genética, a desigualdade social, o uso de drogas e a poluição ambiental. Esses seriam os novos pecados capitais, ou pecados modernos. Essa concepção mostra que o pecado é dinâmico, e o pecador mais ainda. O Vaticano, preocupado com as questões sociais, demonstrou isso por meio de monsenhor Girotti, responsável pela Penitenciária Apostólica, órgão da Santa Sé que responde pelos sacramentos. Numa entrevista ao jornal *L'Osservatore Romano*, o clérigo abordou o tema dos pecados modernos, sem citar em momento algum a lista dos pecados capitais. Para a Sé Apostólica, aquela lista de Santo Tomás é suficiente para compreendermos a dimensão do pecado.

Os pecados do mundo moderno são parte dos capitais. A preocupação da Igreja com o meio ambiente, com a manipulação da vida, com o uso indiscriminado das drogas e com a desigualdade social se justifica porque são males que afligem o mundo de hoje, pois colocam o prazer acima de tudo e o dinheiro como grande governante das decisões.

O mundo moderno, afastado da consciência do pecado, pode cometer os maiores e os piores erros da humanidade. O homem contemporâneo, livre de religião e sempre na ofensiva, não compreende que, ao perder a noção ética e os valores religiosos e morais, estará levando o mundo ao verdadeiro caos em todos os níveis.

A ganância e o desejo de poder que emanam de uma mente sem limites geram toda forma de violência. Não estamos preocupados em defender uma religião; quando é verdadeira, ela se defende por si mesma, busca a liberdade do homem e respeita a vontade de Deus. Estamos preocupados em defender a vida e mostrar ao homem contemporâneo que existe, sim, uma saída para os problemas atuais, mas é preciso começar a olhar para dentro, para onde brotam todos os problemas. "A repetição dos pecados produz os vícios."

Apesar de a Igreja, em seus dois mil anos de existência, ter proposto outras situações de pecados, a lista de Santo Tomás é ainda pertinente. Os sete pecados relacionados por ele arrastam atrás de si uma série de outros tantos decorrentes de suas práticas. "O pecado é um ato contra a razão" (CIC 1878).

Mas o fato de a lista de Santo Tomás ter se mantido por tanto tempo fez com que, ao longo do tempo, os termos de alguns pecados fossem revistos e reinterpretados. Afinal, estamos falando de um homem do século 13! É preciso fazer uma leitura das palavras desse teólogo, que, apesar de distante no tempo, é muito atual.

Hoje, em lugar da vaidade, falamos em soberba, apesar de, particularmente, eu achar um termo pouco genérico e direcionado demais. Vaidade é mais amplo e mais moderno. Por outro lado, considero preguiça um termo ótimo, claro e fácil de entender, muito mais empregado que acídia.

Santo Tomás via a soberba como um megapecado, fonte de quase todos os outros. Foi por causa da soberba que o primeiro homem se perdeu: Adão não quis obedecer à voz de sua consciência e optou pelo mal que lhe foi apresentado. Tomás de Aquino, no entanto, preferiu o termo "vaidade" – do latim *inanis gloria* (vanglória ou glória de si mesmo).

Recentemente vi num noticiário uma mulher que fez, em menos de um mês, 20 cirurgias plásticas a fim de chegar ao corpo que ela considerava ideal. Ela, muito provavelmente, não tinha tantos problemas no corpo quanto na mente. A imagem que ela faz de si mesma é deficiente e negativa, e, não importa quantas outras cirurgias plásticas faça, será muito difícil que um dia venha a se amar e se aceitar como pessoa. Esses recursos excessivos demonstram a total insegurança. Mais adiante, quando estiver falando sobre gula e luxúria, me dedicarei mais a esse assunto.

> Como confessor há quase 20 anos, percebo que a vaidade é, sem dúvida, fonte de quase todos os vícios e desequilíbrios morais. Ela é um demônio difícil de exorcizar!

Preguiça, por sua vez, é um termo mais pobre que acídia, apesar de mais empregado. Hoje, achamos que preguiça significa dormir o dia todo e não ter vontade para nada, mas não é bem assim, como veremos nos capítulos posteriores. A acídia, compreendida à maneira de Santo Tomás, é a razão do desespero do homem moderno.

Dessa forma, toda a experiência humana se traduz na doutrina dos vícios capitais, simbolizados no número 7, cujo significado bíblico, como eu já disse, é de plenitude, fartura, perfeição.

Essa lista é muito mais pedagógica do que cronológica. Na verdade, ela não tem nada de cronologia, pois desde o nascimento já estamos envolvidos por essas tendências. Vejo como as crianças são às vezes tão possessivas com os objetos com que são presenteadas que se tornam donas absolutas deles, nem sempre permitindo reparti-los com outros.

Nesse sentido, os vícios capitais comprometem os aspectos de nossa conduta e de nossa moral e são eles que acarretam os vícios secundários. Restringem nossa liberdade e nos condicionam a fazer o mal mesmo quando nossos propósitos são bons.

> Os vícios capitais não nascem conosco, pois Deus não poderia criar homens já intimamente corrompidos. Deus nos criou perfeitos e livres. E é essa liberdade que nos permite optar ou não pelo pecado ao longo de nossa vida.

O apóstolo Paulo nos diz claramente: "Faço o mal que não quero e deixo de fazer o bem que quero" (Rm 7:15). É nessa ideia que reside a noção de pecado. A origem da palavra pecado, aliás, vem do latim *peccatum*, e o verbo pecar significa errar o alvo. Não quer dizer, no entanto, um erro de cálculo científico ou matemático, mas sim um erro existencial. Por exemplo, você queria fazer algo bom, acabou errando o alvo e fez algo errado. Por isso, segundo o princípio doutrinal, para cometer pecado é preciso ter consciência de que ele existe (CIC 1873): "A raiz de todo pecado está no coração do homem". É importante que você tenha clareza que tanto um erro de cálculo científico como matemático pode ser corrigido, mas um erro existencial, muitas vezes, pode ser fatal. Precisamos fazer parte de uma polícia de elite para nunca errarmos o alvo no sentido religioso.

Cometer pecados advindos dos vícios capitais é sinal de que se perdeu o alvo da existência. Ou a tentação foi mais forte que a própria natureza. O descontrole de certas tendências gera um desequilíbrio na relação com Deus, com o outro e consigo mesmo.

Em nossa busca incansável da felicidade, às vezes erramos o alvo e deixamos que se estabeleça uma relação doentia entre nossa vontade e nossa ação. Isso não significa, em absoluto, que não temos culpa desse desvio, pois ainda assim a escolha foi nossa. Os vícios capitais estão sempre do lado de fora e são sugestivos, interessantes e atraentes.

## Uma abordagem psicoafetiva

Em seus estudos, o professor Waldemar Magaldi Filho prefere entender a lista dos sete pecados ou vícios como doenças biopsicossociais com repercussão em todos os níveis da vida humana. Segundo ele, em cada pecado capital há uma tendência equivocada sobre várias áreas da existência. Por exemplo, comer demais é uma tendência equivocada de sobrevivência ou de situações mal resolvidas.

Teologicamente, os sete pecados capitais são advindos da perspectiva do cristianismo, ou seja, são a expressão da perda do sentido existencial, que compromete todo o processo evolutivo e construtivo da personalidade. É interessante notar que os vícios capitais tão abominados no início do cristianismo vão se tornando toleráveis no mundo moderno e capitalista. Ninguém mais está preocupado com valores éticos, religiosos e morais. O ser humano já não se estrutura mais nesses valores.

> Quando os vícios capitais lideram a alma, o homem se encolhe como ser humano e como filho de Deus.

Num mundo de competições, todos esses valores parecem desaparecer. O que importa é lucrar, vencer, ganhar, adquirir. Uma sociedade regida pela cobiça e pela ganância já não quer mais conversar sobre os valores cristãos. Daí surge o império da violência, da destruição, do desrespeito à vida humana.

Lidamos com a morte como coisa natural. O homem está doente e não quer saber de tratamento. A humanidade está em colapso, em situação grave, mas rejeita a ideia de que precisa passar por uma radiografia de sua alma para poder curar o que está destruindo sua existência.

Somos constantemente envolvidos e impulsionados por relações de amor, de afeto, de amizade. As diversas culturas celebram essas trocas de formas diferentes. Casamentos, festas de bodas, partidas e chegadas. No Oriente, até a morte é celebrada de forma teatral e ritualista.

Não podemos esquecer que cada pessoa carrega em si uma carga genética, racial, emocional, cultural e afetiva. Quando se estabelece um encontro ou um desencontro, é preciso levar em conta todas essas questões. Ninguém chega totalmente "vazio" ao primeiro encontro, todos carregam em si sua história. E muitas vezes essa história está cheia de vícios, de problemas, de derrotas e de dores. Alguns têm mais, outros menos, mas eles estão aí!

Isso, de certo modo, norteia nossa existência e nossas relações. Elas podem ser melhores ou piores a cada dia conforme nosso controle sobre as tendências viciosas. Podemos construir uma história boa ou ruim, segundo nossas opções.

Tudo irá refletir-se em nosso comportamento afetivo, familiar e social. Os exemplos surgem para demonstrar o que digo.

Nos grupos de controle de peso, fala-se claramente que as pessoas obesas estão "comendo" os seus problemas. Enquanto não resolverem seus problemas internos, não conseguirão emagrecer. De fato, muitas vezes, a obesidade reflete um problema emocional. O mesmo se dá com a anorexia, que decorre de uma imagem distorcida da realidade.

Por isso, ainda é sábio o provérbio latino que diz: *Mens sana in corpore sano*, ou seja, mente sadia em corpo sadio.

---

Como a experiência humana é plena de trocas, ninguém pode se relacionar de modo equilibrado com outras pessoas se não superar seus descontroles emocionais e suas tendências viciosas.

---

Outro exemplo é o de uma pessoa excessivamente "irada". Ela nunca conseguirá estabelecer relação estável com outra pessoa e jamais terá sucesso em seus negócios, pois ninguém suporta ser tratado com gritos e estupidez. Uma pessoa irada será sempre um péssimo líder, e os outros só o suportarão pelo salário.

Outro exemplo bastante pertinente são as pessoas ciumentas, emocionalmente descontroladas e inseguras, talvez devido a experiências negativas na infância, que desejam dominar e controlar os outros, achando que isso é amor. Não são poucos os casos de crimes passionais, em que uma pessoa, levada por um sentimento de perda extremo, acaba por matar outra. Lidar com as perdas é difícil e doloroso. E, nesse particular, os pecados ganham terreno propício para se estabelecer. Nas perdas mal resolvidas se estabelecem relações doentias de gula, inveja, ira, luxúria e outros pecados.

Parece que agora estamos entendendo que os pecados capitais são perigosos e nocivos, e não se trata de levar a alma para o inferno ou purgatório, mas de transformar a vida humana em desgraça e sofrimento. Os vícios capitais direcionam a existência humana. Saber domesticá-los e superá-los é o grande desafio. Somos heróis de uma grande causa.

Na visão cristã, os vícios capitais são sempre inimigos da alma humana, criada por Deus para ser sua morada. Os pecados corrompem o homem e o diminuem como criatura de Deus, por isso devem ser eliminados. São nocivos à alma, enfermam o homem, e este, quando menos espera, está tomado por essa doença terrível e fatal.

CAPÍTULO IV

# O autoconhecimento como remédio contra os vícios

Como combater os pecados se não os conhecemos? Como vencer uma guerra sem conhecer o inimigo? No livro *A arte da guerra*, de Sun Tzu, aprendemos que é preciso recuar para que o inimigo pense que estamos derrotados, e assim nos distanciar do problema, analisá-lo de fora para dentro, montar uma estratégia e vencer a guerra. "Comandar muitos é o mesmo que comandar poucos. Tudo é uma questão de organização. Controlar muitos ou poucos é uma mesma e única coisa." Quando os vícios capitais começam a aparecer, se você os conhece, poderá vencê-los um a um e tornar-se uma pessoa equilibrada, estabelecida e santa, na mais pura visão humanista e bíblica.

> Só o autoconhecimento pode fazer com que tendências nocivas e sombrias fiquem menos autônomas e que as virtudes possam entrar em equilíbrio com nossas opções.

Em nosso íntimo, "sombras viciosas" e virtudes estão potencialmente presentes. Não somos exclusivamente virtuosos – se assim fosse, seríamos santos –, nem somos somente pecadores – porque seríamos a deformação do ser humano, o que na visão de Santo Tomás chamamos de filhos das trevas.

Essa análise dos pecados poderá nos ajudar naquilo que nos propõe Jung quando fala em "integração da sombra". A melhor maneira de não nos deixarmos dominar pelos vícios é conhecê-los. E a melhor maneira de superá-los é não perder o foco da existência.

Sua meta existencial deve ser responsável por sua conduta. E cada vez que você acerta o alvo, está vencendo e se superando, assim como fazem os atletas em época de Olimpíadas. Ninguém entra no jogo apenas para competir. Isso é conversa de treinador. Todos jogam para vencer, vencer-se, superar-se e não para derrotar outra pessoa. Nessa luta existencial, se você errar o alvo constantemente, modificará sua opção fundamental e causará o pior mal à sua vida. Inferno e céu não são "lugares" para onde vamos, mas situações que podemos antecipar em nossa existência quando perdemos ou ganhamos o jogo. Nunca vi um perdedor comemorar sua derrota.

## Fazendo a radiografia de sua alma

Gostaria que nesta leitura, você, querido leitor, pudesse aproveitar para fazer uma análise de sua própria alma e interagisse com o texto, analisando o quanto há em você de cada vício capital que abordamos.

Nos retiros que tenho feito, aplico um exercício cujos resultados são surpreendentes, sobretudo quando as pessoas são sinceras consigo mesmas e querem realmente modificar algo em sua vida.

Você também poderá fazê-lo, ao final da leitura de cada um dos capítulos seguintes, e o incentivo a repeti-lo quantas vezes forem necessárias, pois, a cada vez, terá uma experiência diferente. Pois conhecer a si mesmo é sempre uma aventura extraordinária e superar-se é a mais sublime conquista da criatura humana.

> O uso da razão, a "graça" de Deus em nós e a capacidade de valorar e saber que podemos mudar aquilo que não engrandece nossa vida e destrói a "imagem" de Deus em sua criatura nos tornam grandes e potencialmente melhores.

Quando um artista termina sua obra, o que ele mais quer é ouvir elogios. Engana-se quem pensa que, ao criticar o artista por sua obra, estará acrescentando-lhe algo. O artista a pintou ou a compôs daquela forma, e isso certamente agradará a alguém.

Lembro-me de uma viagem que fiz ao Nordeste do país, precisamente para Fortaleza, e lá encontrei vários expositores populares que vendiam seus quadros numa feira de artesanato. Os comentários que se ouviam eram os mais diferentes possíveis. Algumas vendas; algumas críticas; enfim, diante daqueles quadros ocorriam as mais diversas reações. Eu observava atento o pintor, sempre silencioso e pouco se importando com os comentários. Distante mesmo. Parecia que as opiniões divergentes dos curiosos pouco alteravam seu humor, até que comentei que, se eu tivesse dinheiro, levaria todos os quadros. Nessa hora, ele abriu um sorriso e disse: "O senhor já os levou".

Creio ser essa a reação do Criador quando sua obra-prima, o homem, alcança uma imagem límpida, transparente, agradável, sincera e feliz. Para mim, o "descanso" de Deus no sétimo dia da criação foi para contemplar sua criatura. Em hebraico, o verbo repousar significa exatamente "deitar sobre". Foi isso que Deus fez quando nos criou; é isso que o escultor faz quando acaba sua obra; o compositor, quando termina sua música; ou o cantor, quando ouve sua música no rádio e na voz do povo.

Nunca vou me esquecer da primeira vez que ouvi uma música minha no rádio do carro. Andando pela maior cidade do país, em meio a tantas informações, com tantas sintonias e frequências diferentes, eu ouvir a minha voz, a minha canção, foi uma experiência transcendente. Eu "descansei" por alguns segundos.

A obra de Deus não está acabada. Ele ainda continua a trabalhar em sua criação. E quando a criatura não erra o alvo de sua existência, quando se torna obra preciosa, quando vários a elogiam, Deus então pode "repousar" sobre ela.

Limpar-se dos vícios capitais e dar ao Criador o prazer de repousar sobre nós é mostrar a Ele que valeu a pena ter feito essa obra. Quantos elogios pode receber pela vida boa, sincera, honesta, transparente e feliz que nós tivermos. Na verdade, o pecado, como já vimos, não só destrói o que poderia ser bom em nós, como também expõe o próprio Criador a ser criticado por nossa causa. É uma decisão sublime querer eliminar esses vícios de nossa alma. Podemos poupar o Criador de tal humilhação.

Almejar a santidade e superar aos poucos os vícios capitais, substituindo-os por virtudes, é buscar o equilíbrio emocional. Isso é uma limpeza daquilo que neste livro chamamos de um verdadeiro "tumor" em nossa alma.

Amigo leitor, você é convidado a partir de agora a olhar para dentro de sua alma. Sem medo, nem receio, nem preconceito. Vamos juntos tirar uma "radiografia" de nosso interior e descobrir o que de ruim ainda existe lá dentro. Só assim poderemos começar uma autêntica e verdadeira superação. Os gregos chamam isso de metanoia, uma transformação radical de costumes, pensamentos e atitudes. Verdadeira conversão.

Antes, no entanto, vamos analisar cada um dos vícios capitais propostos por Santo Tomás.

CAPÍTULO V

# A gula

Quando se fala em gula, pensa-se imediatamente em comida. Comer exageradamente é gula. Glutão é aquele que come muito. Mas pensemos de modo um pouco mais abrangente. Quando fazemos ou queremos tudo em excesso, somos levados pelo mesmo impulso que nos move quando comemos demais. Quando perdemos o controle geral das nossas necessidades é porque a gula está se estabelecendo.

Muitas vezes não nos damos conta de que estamos exagerando. Esse excesso no comer, no beber ou mesmo no comprar está relacionado à "voracidade", ao comer sem digerir.

É importante frisar que comer não é pecado, ao contrário, comer com parcimônia é indispensável à sobrevivência. Aliás, deixar de comer é que é pecado grave, pois coloca o organismo em risco. A anorexia, resultado de uma imagem distorcida de si mesmo, por mais incrível que pareça, é uma forma de gula. O exagero em não comer também se enquadra nessa visão.

Quantas jovens, no afã de alcançar o "corpo ideal", sacrificaram-se até a morte deixando de comer? A busca incansável de uma imagem positiva tem levado muitas pessoas à morte. Essa é uma forma em que aparece o vício da gula, mesmo que pareça estranho.

Todo exagero é uma forma de gula, como nos mostra Santo Tomás na questão 15 da *Suma teológica – Sobre o mal*. Portanto, todo aquele que perde o controle pode incorrer no vício da gula.

Há um tempo, fiquei perplexo ao ver numa revista de expressão nacional uma reportagem sobre um apresentador de televisão que possuía mais de 400 pares de sapato em sua coleção. Minha primeira reação foi me perguntar para que tantos sapatos quando só se tem dois pés? Aqui se estabelece o vício: comprar exageradamente e sem necessidade.

> Em tudo devemos estabelecer uma relação de equilíbrio. Possuir as coisas conforme a necessidade. Já parou para pensar que, além de tudo, o "guloso" é extremamente egoísta, por nunca pensar que outros passam necessidade?

O mesmo raciocínio se aplica à bebida. Não são poucos os casos de pessoas que não assumem que são alcoólatras, mas precisam beber todos os dias. Não conseguem permanecer numa festa ou comemoração sem beber o tempo todo. O curioso é que elas geralmente saem bêbadas da festa, mas insistem em dizer que têm total controle sobre isso.

Quantos casamentos terminam por causa do alcoolismo? Quantos sonhos são destruídos? Quantos filhos crescem problemáticos em famílias com pais alcoólatras? Quantas famílias são dizimadas pelo vício do álcool?

Certa vez, uma criança de apenas cinco anos de idade me disse que daria tudo que possuía, até seus brinquedos preferidos, "se o papai deixasse de beber". Outra me disse que preferia ter seu pai longe de casa a vê-lo bêbado no sofá ou brigando com sua mãe. Nesses dois casos, o trauma já estava estabelecido. Essas crianças terão sempre um comportamento hostil em relação ao pai. O vício da gula está destruindo muitas famílias.

Passemos a outro hábito igualmente nocivo: o cigarro. Estudos mostram que milhares de pessoas morrem por ano no mundo devido a doenças causadas pelo fumo. Quase todos os fumantes têm ou terão algum problema de saúde – doenças cardíacas ou pulmonares, afecções de pele, envelhecimento precoce ou mesmo câncer.

Dizer que fumam por elegância, para sentir-se socialmente aceito ou para relaxar é uma grande desculpa. O problema é que a nicotina cria dependência como qualquer outra droga, e é muito difícil largar o hábito. O cigarro é uma das chamadas "drogas permitidas", porque é vendido em qualquer lugar e para pessoas de qualquer idade, mesmo quando a lei proíbe o consumo e a venda a menores de 18 anos.

Eu mesmo já vi um adolescente sair de um supermercado com latas de cerveja, outra "droga permitida", em seu carrinho sem que a atendente fizesse qualquer menção a esse respeito, ainda que houvesse uma placa dizendo que a venda a menores é ilegal.

As crianças se iniciam no hábito de fumar, e às vezes de beber, em sua própria casa, quando pais irresponsáveis colocam bebida e cigarro em sua boca.

Lembro-me de uma vez em que, aos sete anos de idade, após uma reunião política em minha casa, fui até a sala de reuniões e tomei meio copo de caipirinha que havia ficado sobre a mesa e qual não foi a surpresa de meus pais quando me viram completamente bêbado. A dose tinha sido grande para uma criança. Imagino quanto eles se arrependeram daquele descuido. Depois disso, bebidas alcoólicas em casa sempre eram mantidas longe do alcance das crianças. O melhor mesmo seria nem tê-las. Quem quer educar precisa ser educado.

O que me impressiona nos mercados é que as prateleiras de bebidas são as mais bonitas e atraentes. A qualquer hora do dia ou da noite, você pode encontrar facilmente bebidas e cigarro em todo lugar.

Fico igualmente impressionado com o sucesso que fazem os programas de televisão que passam horas mostrando receitas de comidas. Esse é um fenômeno no mundo todo. Nas várias vezes em que estive na Europa, vi o mesmo acontecer. Nesse aspecto, nada diferencia um país de primeiro mundo de outro de terceiro mundo. Mas será que a veiculação desses programas não induziria, de certa forma, ao consumo exagerado, à gula?

O *marketing* da comida atinge todas as classes sociais, e no Brasil isso de dá de forma impactante. São poucas as emissoras que se dão ao luxo de não ter programas de culinária. De forma bem mais sutil, mas não menos eficaz, ocorre ainda o *merchandising* de bebidas em novelas, filmes, teatros. Elas estão ali para despertar o interesse do público.

Pagam-se milhões para expor um produto desses na televisão no horário nobre. Imagine o conflito interno experimentado por um dependente de álcool, cigarro, drogas ou mesmo de comida quando vê diante de seus olhos todas as facilidades para manter seu vício. Propagandas bonitas e bem elaboradas por profissionais de *marketing*, estratégias de venda, tudo é muito bem arquitetado para que o consumidor caia na rede e ceda aos encantos do produto. Essa gente nem imagina o mal que está fazendo aos jovens e às famílias de forma geral. Uma missionária, que luta com seu marido dependente, contou-me, em pranto, que não conseguia concorrer com a propaganda. Por todos os lados, sua família estava cercada de possibilidades de mais um gole.

Permanecer sóbrio e "limpo", como se diz nos Alcoólicos Anônimos (AA), é um ato de grande heroísmo. Nesse aspecto, já que estamos falando em drogas, muitas vezes a gula se apresenta a nós na forma de drogas pesadas, como cocaína ou o *crack*.

O consumo exagerado e frequente de drogas quase sempre leva à morte. O *crack*, um subproduto da cocaína, ataca tão violentamente o organismo que pode matar em apenas seis meses. A dependência evolui de uma necessidade psicológica para uma necessidade fisiológica, como comer e beber. No início, o *crack* produz uma sensação de euforia e prazer, mas, em minutos, arrasta a pessoa para a melancolia e a depressão. O usuário geralmente não assume que é dependente e forja situações para poder adquirir a droga, muitas vezes colocando em risco a si e aos outros. Muitos são os especialistas que não acreditam na recuperação do viciado de *crack*, por ser esta uma droga potencialmente mais perigosa que outras, já que influencia demais o comportamento e cria dependência mais rápido que outras substâncias. Para piorar, o baixo custo e a facilidade para adquiri-lo o torna atrativo para jovens e crianças. Qualquer menino ou menina pode encontrar *crack* nas praças da cidade. Não sou especialista nesse assunto, mas apenas um confessor que conhece as consequências desse vício, como tantas famílias que padecem por seus entes queridos.

Mas vale fazer uma ressalva. Comer só se torna um vício quando em excesso. No caso do consumo de drogas, lícitas ou não, no entanto, o vício da gula não está ligado à quantidade, mas à ânsia de querer experimentar tudo, mesmo tendo consciência de que isso possa prejudicá-lo. A gula se apresenta na falta de respeito à vida. Será que existe pecado capital maior que esse?

Participei de várias conferências sobre o assunto e sei que esse é um dos grandes vilões que assombram a sociedade moderna. A droga é mais um demônio muito difícil de exorcizar.

> Como a gula é um pecado capital, ela gera filhos. E os filhos da gula são exatamente os exageros no consumo de bebidas, de drogas, de sexo, de poder.

O "guloso" é aquele que dá as ordens, o "senhor" da situação. No mundo dos negócios, ele é absoluto. Tem sempre a sensação de que pode mais e que não está rendendo como deveria, cobra muito de si e de seus subordinados, é exageradamente centralizador. Sua atitude mental básica é sempre a de querer controlar todas as situações. Tem medo de que alguém saiba mais do que ele.

Precisa impressionar sempre e de todas as formas, tornando-se o centro das atenções. Compra tudo o que é moderno e de última geração para estar sempre no topo. Sofre com o sucesso dos outros. Acredita que é o Sol e que o mundo gira em torno dele. Sente-se sempre ameaçado pela concorrência. Teme o novo e os questionamentos, pois sente que seu trono está correndo perigo. Geralmente, o "guloso" é pouco amável. É seletivo com as amizades e os lugares que frequenta. É também pouco romântico e não gosta de se expor muito.

Tudo o que é novidade, incluindo pessoas ou contatos, pode ser ameaçador para ele. A reserva é sua melhor aliada. A gula torna o homem dissimulado e, quando este passa a deter algum poder, torna-se vingativo e perigoso.

Lembro-me de uma colega professora que, na época em que lecionava história, foi nomeada supervisora do colégio. Assim que assumiu o novo cargo, mudou até a maneira de se vestir. De um dia para o outro, seu comportamento se tornou estranho. Ela era agora uma supervisora, isto é, "tinha poder". Começou a centralizar todas as tarefas. Já não cumprimentava os colegas, que aos poucos foram se afastando. Não frequentava mais festas e comemorações. Tornou-se uma pessoa de poucas palavras e gestos comedidos. Por fim, descobrimos até que se tornara delatora, mentirosa e perigosa. A sede de poder estava na base de seus relacionamentos. Aquela pessoa, antes tão amável e sincera, fora destruída pelo cargo de chefia.

Será que, para termos o respeito dos outros, precisamos mesmo nos corromper? Será que, para administrarmos uma escola, uma empresa, uma instituição, precisamos ser gulosos, ameaçadores e intransigentes?

Há muitos homens que quando ganham poder perdem a alma.

Para mim, esses são falsos líderes. Pois o líder verdadeiro é aquele que promove a iniciativa individual e não se sente ameaçado por ela. Os "ditadores sorridentes" são perigosos, o mundo não os suporta. Aos poucos, eles estão sendo banidos da sociedade. E quando uma instituição se torna ditatorial, ela é imediatamente rejeitada. A sociedade moderna não tolera mais lideranças absolutistas. As pessoas querem o diálogo, o respeito às diferenças e o amor acima de tudo.

Outra das muitas facetas pelas quais a gula se manifesta é a necessidade constante de sexo. O mundo se tornou hedonista. Não se vende nem se compra mais nada sem sexo. Parece que isso se tornou o motor do mundo. Que ele é bom, prazeroso e necessário, ninguém nega, sobretudo porque é através dele que Deus perpetua sua criação. Todos somos resultados do ato sexual.

O problema se estabelece quando se perde o foco. Ter sexo sem medida, sem comunhão, sem compromisso, apenas para satisfazer desejos íntimos, é um hábito doentio.

Uma senhora me perguntou se era pecado ter muitas relações sexuais por dia, pois seu marido tinha necessidade disso, além de querer que ela aceitasse outras alternativas na relação. Eu disse que o esposo dela havia perdido o sentido da própria sexualidade e que ela, a esposa, não era, pelo bem de sua dignidade, obrigada a aceitar tudo o que ele propunha sexualmente.

Sexo é interação entre duas pessoas. Relação de amor, partilha de vida e comunhão. O ato sexual é grandioso dentro dessa visão de amor e respeito.

> A gula também se manifesta como desvio da sexualidade. O adultério, a cobiça por outras pessoas, a infidelidade conjugal. Todos esses comportamentos, que vão se tornando normas de uma vida desequilibrada, são filhos desse pecado capital.

São poucas as prostitutas que conseguem deixar a profissão quando encontraram um parceiro que as ame verdadeiramente. O vício fala mais alto, e elas acabam voltando para as ruas. O sexo é dominante. É preciso uma força hercúlea para colocá-lo em seu devido lugar.

Fiquei impressionado quando, recentemente, assisti a uma reportagem na televisão que falava de um senhor de 79 anos de idade que abusava sexualmente de sua neta de apenas 13. Nossa libido é a última que morre! O que se espera de um homem dessa idade são atitudes de respeito, de equilíbrio, de controle, mas, ao contrário, via-se ali uma pessoa dominada pelo vício do sexo. Quando abordado pela polícia, o homem alegou que "estava com a cabeça fraca".

Como o ser humano é surpreendente, não?! Até no final de sua história, de sua síntese existencial, ele ainda se vê refém dos vícios capitais. Descobre que a "gula" e suas filhas ainda são dominantes em sua personalidade. Depois de tantos anos de vida, de tantos trabalhos realizados, de tantas conquistas, vitórias e superações, é triste ser derrotado pelos próprios instintos. Perder o foco nessa etapa da vida é uma decepção total. E não são poucos os casos como este. Os noticiários estão aí pra confirmar isso, trazem a cada dia histórias mais e mais chocantes sobre o comportamento sexual das pessoas.

Amigo leitor, já que estamos fazendo juntos uma radiografia, você pode ir refletindo durante esta leitura sobre sua própria vida e logo mais poderá colocar num gráfico quanto de sua alma está tomada pela "gula". É preciso olhar com sinceridade para dentro de si e estabelecer a porcentagem de cada vício capital.

No final deste capítulo, explicarei melhor como se dá esse exercício. Confesso que, em todos os meus anos de vida e de sacerdócio, o caso que acabei de contar foi o que mais me marcou, e depois disso nada mais me surpreende no que se refere a questões de sexualidade.

Conseguir driblar o mundo hedonista e pornográfico é muito complicado. Filmes eróticos, novelas, internet, *sites* de relacionamento e de pornografia, tudo isso forma um conjunto de desvalores da sexualidade, e aqueles que não querem submergir nessa onda gigantesca passam por "caretas" e antiquados.

Muitos jovens que conheço querem fazer a experiência da castidade pré-matrimonial, mas a fazem em silêncio, sem levantar bandeira, para não serem rejeitados pelo grupo. Quando alguma celebridade surge com essa proposta, ela acaba despertando o interesse nos demais. Ao menos já é possível iniciar um diálogo sobre isso nas escolas e nas reuniões de igreja. Talvez todos esses excessos tenham levado os jovens a uma reflexão mais sadia e mais amadurecida acerca dessas questões. Creio que o evento da aids, embora trágico, tenha contribuído para que a sociedade reavaliasse seus valores e costumes. E muitos voltaram a compreender a monogamia como forma de segurança. Dessa desgraça toda, podemos ao menos tirar algo de bom. Minha Casa de Apoio às Crianças Soropositivas lida com esse problema todos os dias.

Podemos então concluir que a gula é a perda de controle das nossas necessidades físicas e psíquicas. Comer demais, dormir demais, comprar desnecessariamente, querer dominar a tudo e a todos. O ciúme descabido, os gastos excessivos, o uso das coisas e das pessoas para satisfação pessoal, o desejo de possuir a tudo e a todos de modo doentio não são mais do que faces da gula.

É difícil dizer que não exista, em cada um de nós, ao menos um pouco disso tudo. Porque não é fácil passar pelo mundo sem ceder vez ou outra a esse vício capital. Mas quero deixar o leitor totalmente livre para fazer a radiografia de si mesmo.

As perguntas abaixo podem ajudá-lo a refletir sobre suas ações e a identificar com mais clareza o quanto este pecado está presente em sua vida.

- Você é guloso?
- Você tem conseguido controlar seus apetites?
- Quem governa quem, você ou a comida?

- Você tem comido exageradamente? Comprado sem necessidade?
- Tem dado desculpas o tempo todo, e sempre deixa para o dia seguinte o começo de um regime equilibrado?
- Fuma? Consome bebida alcoólica? Está sendo dominado? Quem é o Senhor, você ou o cigarro e/ou a bebida?
- Tem se alimentado com moderação?
- Tem cuidado de sua saúde?
- Tem exagerado nos prazeres?
- Consegue controlar o impulso de compras, de vícios, de exageros?
- Consegue descobrir valores em outras pessoas, ou tem gula e medo da concorrência?
- Faz sexo com equilíbrio ou é dominado por ele?

Se achar necessário, antes de realizar o exercício, leia novamente o capítulo. E depois, no silêncio do seu coração, numa análise honesta e sincera de si mesmo, aponte no gráfico a seguir quanto você está corrompido por esse vício.

Se desejar realizar outras vezes esse exercício, será interessante que você, leitor, faça esses apontamentos numa folha em separado. Guarde a folha como um documento, um daqueles exames médicos que a gente não joga fora, para no futuro comparar os resultados e perceber sua evolução na luta contra esse vício.

Quando aplico esse exercício nos retiros espirituais que organizo, os resultados se mostram muito bons e as pessoas se surpreendem quando percebem, numa segunda ou terceira vez, que seu envolvimento com esse vício diminuiu consideravelmente. Fico satisfeito de saber que estou limpando minha alma e que ela está cada dia mais próxima da "grandeza de Cristo", me tornando mais humano e mais senhor da minha história a cada momento.

Vamos então ao exercício:

Na linha abaixo, você tem o nome desse primeiro vício capital. Marque com uma caneta o quanto você acredita que sua alma está dominada por ele. Se acha que possui pouco, assinale a marca de 10%; se acha que possui um pouco mais, assinale a marca de 50%, e assim por diante. Guarde este gráfico para usá-lo no final do livro.

Por enquanto, o exercício é esse. Em silêncio, ore ao Senhor e seja sincero. Bom exercício!

Gula

10 | 20 | 30 | 40 | 50 | 60 | 70 | 80 | 90 | 100

CAPÍTULO VI

# A ira

Quando dominado pela ira, o ser humano pode se tornar extremamente violento e cometer os piores danos a si mesmo e aos outros. A raiva, a cólera, a agressividade exagerada são sinônimos de ira. Um ataque de cólera pode colocar em risco a vida das pessoas. Mesmo aqueles chamados de assassinos "frios", calculistas, que planejam o crime e, quando pegos, não mostram arrependimento, são no fundo movidos pela ira, que às vezes pode estar adormecida, mas ainda assim presente em seu coração.

> Quando se está tomado pela ira, mínimas contrariedades geram crises profundas e reações extremas.

A pessoa irada pode perder o controle e a paciência até em situações cotidianas, que para outros seriam tidas como banais, sem importância. O irado é muito parecido com o guloso, uma vez que ambos perdem a medida das coisas em situações de dificuldade. O irado é um adepto das palavras ácidas, dos gestos bruscos e da crítica constante.

Santo Tomás, no tratado *Sobre o mal*, fala da ambivalência da ira. Às vezes, é preciso estar tomado por esse sentimento para poder ser impulsionado para frente. Gosto muito da definição da palavra "projeto", do latim *projectus*, "lançar para frente". E, nesse caso, sem errar o alvo. Uma pessoa sem projetos, por menores que eles sejam, está fadada ao fracasso e à depressão. A maioria das pessoas que sofre dessas doenças psíquicas perde a motivação por um projeto, sente-se estagnada e sua vida, muitas vezes, começa a perder o sentido. Nesse particular, a ira, em boa dose, tem um papel fundamental. Mas, mesmo quando se tem um projeto, o excesso de ira pode fazer a pessoa errar o alvo e encaminhar o seu projeto num sentido inapropriado.

Santo Tomás afirmou: "a Ira foi dada aos seres dotados de vida animal para que removam obstáculos que inibem o apetite concupiscível de tender aos seus objetivos, seja pela dificuldade de alcançar um bem, seja pela dificuldade de superar um mal. A ira é a força de defesa e resistência da alma."

Portanto, na visão tomista, condenar o apetite irascível, como se fosse intrinsecamente mau e devesse ser reprimido, equivale a condenar os sentidos de defesa, paixão e concupiscência. Nos dois casos se transgridem as maiores energias de nossa natureza.

O leitor deve estar se perguntando onde está, portanto, o vício capital da ira e por que combatê-lo?

Porque, como todos os outros vícios, quando fora de controle, ele perde seu sentido existencial e faz deste impulso natural uma fonte de briga, discórdia e violência. O próprio Jesus disse que somente os violentos possuirão o Reino: "E, desde os dias de João o Batista até agora, se faz violência ao reino dos céus, e os violentos tomam posse dele" (Mt, 11:12).

Estaria sendo ele movido por um ataque de ira? Podemos dizer que, muito mais do que ira, raiva ou cólera, Ele era movido por um sentimento de zelo e amor para com o projeto de Deus. A compaixão falou mais forte quando Ele viu a casa de Deus sendo ultrajada pelo comércio e pela ganância. Essa ambivalência acontece dentro do coração daqueles que querem ser grandes diante de Deus. Um sentimento positivo de ira foi o que fez santa Teresa D'Ávila certo dia desafiar o Senhor, dizendo que somente se levantaria do chão quando Ele a tocasse e tirasse dela o pecado.

Talvez tenha sido esse mesmo sentimento que impulsionou São Francisco de Assis a atirar-se sobre os espinhos de uma roseira quando se sentiu tentado a pecar contra a castidade.

O problema está, portanto, no descontrole. Ataques de ira que geram violências estão por toda a parte. Os jornais não cansam de publicar notas sobre a violência doméstica. As delegacias da mulher recebem diariamente queixas de maridos violentos. Crianças sofrem espancamentos por parte de pais agressivos que não sabem educar e são tomados pela ira.

A sociedade está se defendendo da violência. Temos câmeras por todos os lados. Pais preocupados com babás violentas, filhos que não ficam tranquilos com pais idosos que são deixados aos cuidados de outras pessoas. A quantas cenas chocantes já não assistimos de idosos ou crianças sendo maltratados justamente por pessoas que deveriam protegê-los e zelar pelo seu bem-estar?

A ira se estende por todos os setores de nossa vida. Começando por nossa própria casa e assumindo proporções maiores nas relações sociais.

O irado não consegue lidar com o sucesso de outras pessoas e sofre com isso. Tem sempre uma palavra negativa acerca das conquistas alheias. Geralmente é perfeccionista, meticuloso, autoritário, e parte facilmente para a agressão verbal, quando não física.

O irado é inimigo do diálogo. Ele não sabe perder, pois acha que tem sempre razão. Não sabe dialogar, interagir com o outro, pois a conversa acaba sempre em discussão se não consegue impor "sua verdade".

Uma vez, no trânsito, fiquei assustado quando o sinal abriu e meu carro apagou por completo. Eu não conseguia dar partida, e o motorista de trás buzinava, gritava e, quando enfim passou por mim, fez gestos obscenos e disse palavrões, chegando mesmo a me ameaçar, apenas porque meu carro não saía do lugar. Sua ferocidade era tamanha que, para ele, a guerra estava estabelecida.

Basicamente, por trás da ira se esconde o sentimento de destruição. Imagine uma pessoa assim, dentro de uma empresa, de uma escola, de um grupo social. Suas decisões colocam em risco todo o grupo.

É interessante notar que os irados não são aqueles que têm cara de bravo e não trazem constantemente um sorriso nos lábios. O irado não tem necessariamente esse aspecto. Em geral, ele é dócil e amável, e sua reação à contrariedade é súbita e momentânea. A ira se exterioriza em segundos por meio de suas filhas – agressividade, falta de paciência, palavrões, ofensas, maus-tratos e brigas –, como nos relata Santo Tomás.

Certa vez, perguntei a um jovem se ele havia transformado sua casa num ringue, pois havia brigado com toda a família e não estava conversando com ninguém. Mostrava grande agressividade para com os pais e os irmãos e havia tido até um confronto físico com um deles. Tinha o coração cheio de rancor por conta de problemas financeiros. Aquilo me entristeceu, pois a família é centro do amor e do encontro, do aconchego e do respeito. Costumo dizer que o melhor lugar do mundo é a nossa casa, ao menos deveria ser, e que ninguém precisa sair de casa para ser feliz. Depois de muita conversa, consegui mostrar àquele jovem que o problema estava nele, que aquela agressividade toda acabaria por destruir a ele e à sua família e que, se não controlasse sua ira, poderia acabar fazendo algo de que viria a se arrepender pelo resto da vida. Ele precisava ser curado desse descontrole.

Muitas pessoas se comportam assim e não têm consciência disso, até o dia em que uma situação extrema as leva a uma decisão desesperada e elas acabam agindo mal.

Assim como há a cultura da gula, também há a cultura da violência. Programas de televisão, filmes, jogos de videogame, *sites* e até esportes (é um absurdo que lutas de vale-tudo sejam consideradas competições esportivas) expõem e estimulam a violência. Sem falar em grupos de extermínio – que surgem em nome de causas que nem os próprios integrantes sabem definir – ou o vergonhoso comportamento das torcidas de futebol, que resulta em ferimentos graves e muitas vezes em morte. São torcidas organizadas para o crime, que fizeram do lazer sinônimo de perigo.

Os pais têm dificuldade em controlar aquilo que seus filhos veem na TV e na internet. Os noticiários mostraram recentemente a morte de uma criança que foi provocada por outra, que pegou a arma do pai para brincar de polícia com o colega e acabou disparando vários tiros. A vítima tinha apenas 12 anos. Por que a arma foi guardada em lugar tão acessível? Por que vivemos numa cultura em que é preciso se armar? Lendo alguns estudos sobre o comportamento humano, descobri que a razão de apertar-se as mãos em vez de dar um abraço fraterno é para mostrar que não se está armado e fiquei mais uma vez decepcionado com nossa espécie.

Estou cada dia mais convencido de que estamos gerando filhos violentos e ampliando uma cultura de morte em nossos lares.

Brinquedos que imitam perfeitamente armas de fogo parecem ser os mais atraentes. Será que não poderíamos substituí-los por brinquedos pedagógicos, que ajudem na construção da personalidade e no desenvolvimento das capacidades intelectuais das crianças? Se os pais quiserem, eles conseguem. Eu mesmo conheço vários pais que conseguiram driblar essa situação e nunca permitiram que seus filhos tivessem "armas" em casa para "brincar". São irresponsáveis os pais que alimentam a violência em seus filhos. Quando descobrirem que os filhos se tornaram agressivos e estúpidos, ou brigam na escola ou na rua, cairão em si e descobrirão que isso poderia ter sido evitado. Troque a arma pela bola, troque jogos de violência por filmes e *sites* educativos, troque as brigas do lar por diálogos e conversas construtivas. Não permita que o filho "assista" a discussões constantes dentro de casa. As crianças registram tudo isso em seu inconsciente, e como será assimilado ninguém sabe. O que plantamos hoje, colheremos amanhã. É a lei da natureza. Sementes boas em terrenos bons, darão sempre bons frutos. (Mt 7:17)

Aliás, ao analisarmos os vícios capitais, vemos o quanto nos parecemos com os animais irracionais. Mas eles às vezes parecem mais controlados do que nós. Ao menos não sei de animais que provocam vômito para comer mais, que fazem sexo quando não estão no cio ou que agridem simplesmente porque não foram com a cara do outro animal. Quer dizer, o animal ataca apenas quando é ameaçado, é sua defesa natural, ou para garantir sua sobrevivência. Não sai agredindo "gratuitamente", como faz o homem que entra atirando em salas de cinema, escolas, parques de diversão.

A paixão desordenada obscurece a inteligência. Mas, se a cada situação de conflito pudéssemos parar para pensar, talvez evitássemos tantas brigas violentas e tantos desencontros.

Pouco importa se alguém diz que uma coisa verde é azul, por exemplo. Isso não é importante o bastante para estremecer uma relação. É apenas um ponto de vista, e tudo na vida se define pelo ponto de vista.

Há muito tempo li um livro chamado *O dever de sentar-se*, que ensina aos casais que sempre é preciso sentar e conversar sobre os problemas da vida conjugal para não deixar acumular revoltas, desconfianças, decepções, mentiras. Pois o acúmulo de sentimentos negativos pode despertar o "vulcão", que espalhará lavas e cinzas por todos os lugares. Assim, podemos evitar que as dores silenciadas, as decepções, as frustrações, se transformem em revolta, que um dia poderá culminar numa explosão fatal. É preciso sentar para conversar e estabelecer relações de paz.

Não temos o direito de esperar anos e depois cobrar do outro coisas que poderiam ter sido solucionadas no mesmo dia. No calor da hora, as situações mal resolvidas ressurgem em forma de cobrança e muitas geram reações violentas, "não deixe o sol se pôr sobre sua ira" (Ef 4:26).

Não deixe para resolver às pressas amanhã o que você pode resolver tranquilamente hoje, tanto no âmbito pessoal e familiar como no âmbito social, religioso e profissional.

Imagine-se tendo que trabalhar e conviver diariamente com alguém que lhe fez uma desfeita muito grande. Se não resolver logo essa pendência, acabará tendo uma gastrite. Engolir muitos sapos pode dar muita indigestão.

Um psicanalista me falou certa vez de doenças físicas que têm origem no psiquismo – alergias, gastrites, úlceras, diarreia e vários problemas de coração. Ouvi também de uma psicanalista que câncer eram células tristes. Se tudo isso é verdade científica, eu não sei, nem é esse o objetivo deste livro, mas cada dia ganha mais corpo a ideia de que traumas e problemas emocionais geram mais cedo ou mais tarde doenças físicas.

> Como confessor, posso dizer que os problemas deixados para depois podem se tornar ressentimentos tão profundos que levamos anos para nos libertar deles. A ira e suas filhas nos traumatizam de muitas maneiras.

Vamos, agora, ao exercício. Para ajudá-lo a avaliar quanto você possui de ira, formulei algumas perguntas, que seguem abaixo:

- Você consegue controlar suas emoções?
- Fica nervoso com facilidade?
- Consegue dialogar com as pessoas ou só dá ordens?
- Você costuma dar espaço para as pessoas expressarem suas opiniões?
- Tem paciência de ouvir as pessoas falarem delas mesmas e de seus sentimentos?
- É capaz de rever suas posições ou se acha impecável e não aceita críticas?
- É ríspido ao falar ou ao agir?
- É agressivo com os outros?
- Quando questionado, consegue dialogar ou responde aos gritos?
- Consegue manter-se relaxado no trânsito, no mercado, na igreja, no trabalho?
- Costuma pensar antes de agir ou age primeiro e, depois, vê as consequências?

- Você recebe bem as críticas ou isso lhe estraga o dia?
- Sabe ouvir a opinião alheia antes de interferir?
- Você é aborrecido, mal-humorado, intransigente, impulsivo?
- Sabe falar baixo quando é interpelado?
- Sabe sentar-se com sua família para rever as situações?
- Você cultiva ódio em seu coração?
- Consegue perdoar quem fez algo contra você?
- Tem pensamentos de vingança?

Usando de sinceridade, procure apontar no gráfico sua porcentagem de ira, mesmo que seja pouco. Embora, segundo a visão de Santo Tomás, quase ninguém esteja livre desse vício capital. Raiva não combina com o ser humano, imagem de Deus. Ore ao senhor, faça o exercício em silêncio e deixe Deus falar em seu coração. Isso lhe fará muito bem.

Bom trabalho!

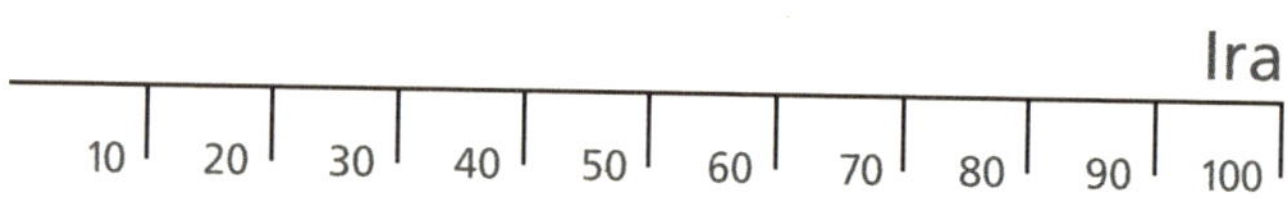

CAPÍTULO VII

# A inveja

Creio ser este o pior de todos os vícios capitais. Foi por causa da inveja, sentimento maldito que corrompe a alma e todas as relações humanas, que Caim matou seu irmão Abel (Gn 2).

É o grande primeiro pecado de que a humanidade tem notícia depois do pecado original. É interessante notar que o pecado de Adão e Eva, primeiros seres humanos, segundo o mito da criação (Gn 3), não entra na lista dos pecados capitais. O pecado da "desobediência", embora tenha afastado o homem do projeto paradisíaco, não é citado pelos moralistas e pesquisadores como a origem dos pecados.

Basta saber que quase toda a Bíblia foi escrita para explicar exatamente a origem do mal, e não a do bem, como muitos acreditam. Quase todos os textos bíblicos nasceram de momentos de penúria do povo de Deus, que se sabia herdeiro de um legado, de uma bênção, de uma terra prometida. Onde estava o erro? Por que não possuíam aquilo que Deus lhes havia prometido? Surge daí a tentativa de explicação. E começa pela descoberta do mal, que entrou no mundo e estragou o projeto de Deus. O mal tomou conta do coração do homem, e este perdeu a condição de filho amado do Pai. Todo o capítulo 3 do livro do Gênesis trata disso.

Para compreender a desgraça em que viviam no exílio da Babilônia, sem casa, sem terra, sem pátria, sem poder cultuar sua religião e seu Deus, exilados e afastados de seu país, eles refletem sobre o mal, sobre como ele entrou em suas vidas, e chegam à conclusão de que o mal é fruto das decisões de seu próprio coração.

---

Nós é que optamos pelo mal. Senhores de nossos destinos, somos às vezes capazes de coisas tão absurdas e monstruosas que melhor é acreditar ingenuamente que aquilo é obra do demônio.

---

A desobediência ao projeto de Deus levou o homem, que antes podia gozar do paraíso, a renegar totalmente sua condição humana e a viver à sombra de seus instintos mais primitivos.

Já falei antes sobre o gorila que habita em nós e que de vez em quando ressurge com toda a força e nos aterroriza. Nosso "animal interior" representa o instinto primitivo de "avançar" e mostrar sua força, que às vezes não conseguimos domar.

Achei oportuno, neste capítulo dedicado à inveja, retomar esse assunto, pois ele perpassa, de certo modo, todo o livro. A desobediência originou a inveja, por isso a Bíblia coloca os dois pecados em pé de igualdade para falar sobre a queda do homem.

> A desobediência jogou o ser humano para fora do paraíso, e é a esse episódio que chamamos de queda do homem. E a inveja jogou o ser humano para fora de si mesmo e o atirou na amargura da vida.

Como é horrível gente invejosa! Parece-se com gente desobediente... Não sei o que é pior! Inveja é a atração desenfreada pelo que pertence ao outro, sejam coisas materiais, sejam qualidades e virtudes. É um sentimento gerado pelo egocentrismo e pela soberba de querer ser maior e melhor que todos, sendo nutrido por aqueles que são incapazes de "suportar" o sucesso alheio.

A palavra "inveja" vem do latim *invidere*, que significa "não ver". Com o passar do tempo, a expressão foi alterando seu sentido e, hoje, tem para nós o sentido de cobiça.

Mesmo assim, o sentido primeiro ainda tem muito que exprimir. "Não ver" é um falso olhar sobre a realidade de si mesmo, é não perceber que o outro tem valor e qualidades tanto quanto nós, mas as usou de modo diferente, e por isso teve mais sucesso em certos aspectos da vida.

A inveja não nos deixa ver que também possuímos qualidades e um enorme potencial. Ela nos impede de ver que, se lutássemos por nós mesmos, em vez de ficarmos pensando nas coisas e nas qualidades dos outros, teríamos feito coisas extraordinárias a nosso favor. Mas, enquanto ficamos presos a esse vício capital, não conseguimos olhar para nós, pois toda a atenção está concentrada no outro.

É como aquela mulher que passa a vida toda reparando em como é linda a casa da vizinha e dizendo quanto gostaria de possuí-la sem perceber que sua casa está desabando, porque, em vez de cuidar do que lhe pertence e ser feliz, ela perde todo o seu tempo olhando e invejando a vida da outra. Saint-Exupéry, em *O pequeno príncipe*, dizia que o tempo que perdeu com sua rosa fez com que ela se tornasse a principal rosa do mundo.

O tempo todo, os indivíduos disputam poder, riquezas, *status*. E quem possui esses bens acaba sendo vítima da inveja alheia. Em psicologia, isso é denominado "formação reativa", um mecanismo de defesa dos mais fracos contra os mais fortes.

A impotência diante das conquistas alheias se transforma em agressividade, e muitos casos são patológicos, pois levam a situações de ameaça até mesmo contra a vida de outrem. Não são poucos os casos de pessoas que cometeram assassinatos porque sentiam uma inveja doentia do outro.

Se o primeiro pecado depois da queda foi a inveja, podemos imaginar sua força.

Sei que trilho caminhos perigosos, e é difícil até de me fazer entender, porque estou trabalhando com os limites entre admiração e inveja. São situações diferentes, porém com algumas semelhanças.

"Admirar" vem do latim *admiror*, que significa "olhar para dentro", ou melhor, "trazer para dentro de si" aquilo ou aquele que foi visto e que chamou a atenção de modo positivo. O interesse pela outra pessoa precisa continuar no âmbito da admiração, permitindo que ela seja feliz com aquilo que possui. Sem que nos demos conta, a admiração exacerbada pode nos levar ao nível da inveja e até estabelecer-se como um vício capital e uma deformação da personalidade. Em certos aspectos, o invejoso ignora tudo o que ele próprio possui para cobiçar o que é do outro.

Há pessoas que desenvolvem doenças porque não conseguem estabelecer uma relação equilibrada com esses sentimentos. A inveja gera frustrações em todos os níveis, mas particularmente no âmbito profissional e sentimental. Entendamos: no plano sentimental, a inveja possui um filho terrível, que é o ciúme. Este, levado irracionalmente a extremos, mata, destrói, mutila e põe fim aos mais belos projetos de vida.

> O ciúme, produto da inveja, é um desvio da paixão. Engana-se quem pensa que a pessoa que sente ciúme de outra pessoa ou mesmo de coisas está demonstrando amor.

O que se esconde no ciúme é um profundo sentimento de posse, algo de todo diferente daquele amor evangélico que aprendemos com Cristo.

O verdadeiro amor é a doação de si para a felicidade do outro. Ciúme é o sentimento obsessivo de poder, o desejo de administrar, de governar a vida alheia como se ela nos pertencesse. É um sentimento doentio e muitas vezes perigoso.

Lembro-me, com dor no coração, de um jovem com uma carreira militar brilhante e uma vida toda pela frente que, após ser abandonado pela namorada, entrou na casa dela, foi até o quarto da moça e ali se suicidou com um tiro. Esse rapaz, não podendo suportar a ideia de vê-la com outro, optou pela morte.

Contive as palavras e o choro naquele velório, pois não sabia o que dizer àquela mãe e muito menos à moça, que agora se sentia culpada pela morte do rapaz.

Veja como o ciúme é possessivo, dominante e similar à inveja. Misturam-se de modo perceptível e, por vezes, parecem ser a mesma coisa.

A inveja é um sentimento totalmente diverso da admiração. Quem admira não mata nem atrai para si com o objetivo de prender e controlar. A admiração deixa a pessoa livre para seguir sua história e trilhar seu caminho.

Sei que você está questionando minha posição e dizendo que o ciúme é importante, que quem ama cuida. Mas tenho que reafirmar a doutrina do Evangelho e da mais genuína pregação de Jesus, que nos diz: "que ninguém tem maior amor do que aquele que dá a vida pelo outro". O amor ágape, na compreensão do Evangelho, é exatamente a busca da felicidade do outro, é um esvaziar-se de si mesmo para que o outro seja feliz. É renunciar aos próprios sonhos e prazeres para que não falte nada à outra pessoa. É esquecer-se da própria dor quando precisa cuidar daquele que ama.

Não quero parecer romântico, mas um bom exemplo disso é o amor das mães. São pessoas especiais que conseguem em alguns momentos da vida fazer exatamente o que Jesus propõe.

Passemos, então, a outro aspecto fundamental da inveja.

No âmbito profissional, a inveja alcança todo o seu esplendor. É nesse universo que ela se estabelece de modo transparente, como um perfume forte que sentimos logo que entramos num ambiente. Tem sempre um perfume mais forte, que se destaca e se espalha depressa, de modo que podemos em pouco tempo identificar o dono.

> Num mundo de competições, em que todos querem superar-se uns aos outros, os adversários surgem naturalmente.

Não são poucas as pessoas que me dizem que ganharam inimigos depois de obter prestígio e sucesso nos negócios. Parece que todos os valores morais de respeito, honestidade, sinceridade e amizade desaparecem quando o negócio é competir e ganhar.

A inveja é a tristeza pelo sucesso do outro; no entanto, Santo Tomás encontra nesse sentimento algo de positivo para nos impelir na conquista do sucesso também. É pecaminoso o desejo de destruir do outro e reprovável toda ação injusta que se faz para remediar essa tristeza. A inveja, como todo vício capital é repugnante e desprezível.

Ao longo da história do conhecimento, todos os filósofos têm condenado o vício da inveja – de Descartes, que diz que a inveja não só prejudica os outros como também a nós mesmos, a Spinoza, que concorda, afirmando que inveja, além de ser um mal em si, afeta o homem de tal forma que ele não só se entristece com a felicidade do outro, mas também se regozija com seu mal.

Kant foi sem dúvida o filósofo mais radical em sua posição sobre a inveja. Ele a classifica como o vício da misantropia, diretamente oposto à filantropia. Um vício que se manifesta no ódio ao semelhante. Um vício abominável de uma paixão humana que atormenta a si própria e que se dirige, ao menos como desejo, a destruir a felicidade alheia. Para Kant, o mal não é sentir inveja, mas sim cultivá-la, pois dela nasce o ódio e todos os pecados contra a vida.

A condenação da inveja é unânime entre os pensadores e de modo particular entre os pensadores cristãos, que sempre viram na inveja uma deformação moral e um sentimento inferior que faz o homem cometer os piores pecados em relação à felicidade alheia e à própria. Sentimentos inferiores geram relações doentias. Pessoas invejosas são pequenas e capazes de gestos assustadores.

Aristóteles insiste que só existe inveja quando existem seres semelhantes e próximos. Não se pode sentir inveja daquele que está longe. A inveja, segundo ele, nasce das relações de proximidade, nascimento, idade, parentesco, etc. É muito comum um irmão sentir inveja do outro, quando este obtém sucesso em algo que o outro não conseguiu. O filme *O guarda-costas*, com Whitney Houston, mostra uma irmã com inveja do sucesso da outra, que é cantora, a ponto de atentar contra a vida desta. Muitos romances, filmes e novelas se baseiam nesse sentimento. Um sentimento tão primitivo e tão atual que inspira nossos escritores modernos.

O próprio Marx entende que as primeiras etapas do comunismo estão inspiradas na inveja. Alguns escritores veem na inveja um sentimento "positivo", que os impulsiona a sair do comodismo, a não aceitar as injustiças sociais e a lutar pela igualdade. Freud dirá isso de outra forma: "a inveja é a origem da justiça". Precisamos entender bem essa afirmação para não fazermos apologia da inveja. Ela é sempre um sentimento ruim, mesquinho e destrutivo. Porém, em alguns casos, nos impulsiona na luta contra a desigualdade, é uma forma de inconformismo. Esse é o pensamento de extremistas como Marx e Nietzsche. Os demais pensadores ficam com a posição mais ortodoxa de que a inveja é a tristeza pelo bem do outro. Caim está muito vivo em nossas relações de trabalho e progresso. O ódio é sempre alimentado por sentimentos de destruição. A "inveja boa" sustentada por alguns pensadores não leva em consideração as normas bíblicas de respeito à vida em primeiro lugar. "Não matarás" é um mandamento da lei de Deus. Lutar pela justiça social não significa alimentar no homem o desejo de vingança contra aqueles que possuem bens ou, muito menos, aceitar a mediocridade de muitos que se acomodam quando lhes são tiradas algumas oportunidades.

Embora esse seja um assunto muito delicado, eu não poderia deixar de discorrer sobre ele, pois estou ciente de sua pertinência, sobretudo no meio teológico. De uma reflexão que em tantos momentos se desviou da proposta evangélica de repartir o pão para incitar a luta de classes e insistir que a inveja é necessária para se alcançar a igualdade social (Helmut Schoeck).

O homem, como ser social, precisa aprender a lutar por seus direitos sem destruir os dos outros. Mesmo no mundo competitivo dos negócios deve existir ética e moral para que as relações se estabeleçam.

A justiça, e nunca a inveja,
deve ser o critério para impulsionar o
homem para o progresso.

Quantas pessoas foram jogadas para fora do mundo dos negócios por serem éticas, honestas, por respeitarem a liberdade do outro? Se Heráclito acreditou que a guerra é a mãe de todas as coisas, nós, cristãos, acreditamos que o amor e o respeito são os elementos básicos das relações de trabalho. Competir sempre; invejar e trapacear nunca!

Santo Tomás estende toda a sua reflexão sobre a inveja como vício mortal (*Sobre o mal*, questão 10), pois as filhas da inveja destroem a alma humana: ciúme, trapaça, posse, mentira, briga e discórdia, tristeza e rancor, desespero, torpor, malícia, divagação da mente e, por fim, o sentimento de destruição e de morte. Se não "matarmos" o Caim que há dentro de nós, ele pode matar nossa paz espiritual para sempre, "porque onde há inveja e espírito faccioso aí há perturbação e toda a obra perversa" (Tg 3:16).

Talvez tenha mexido em algumas feridas neste capítulo. A inveja poderia até ser a primeira da lista dos vícios que estamos analisando, mas, como já sabia de seu peso e da dureza que é enfrentar essa realidade, deixei-a propositadamente para esse momento, quando, tenho certeza, você já está mais preparado para enfrentar a si mesmo e fazer agora o exercício do gráfico para a sincera radiografia de sua alma. Vamos às perguntas:

- Você é invejoso?
- Se alegra ou se entristece com as conquistas dos outros?
- O sucesso das pessoas o incomoda?
- Tem desejos descontrolados em possuir aquilo que os outros possuem?
- Passa mal quando sabe que um amigo foi promovido e você achava que o lugar era seu?
- Em nome do "amor" quer controlar a vida dos outros?

- Tem ciúmes de coisas ou pessoas? Acha que tudo deve estar a seu serviço e à sua disposição?
- Consegue ficar feliz com aquilo que possui?
- Elabora planos que possam prejudicar alguém?
- O quanto você ainda possui de inveja?
- Quão vivo ainda está Caim dentro de você?
- Quão manchada por este sentimento está sua alma?

Responda a essas perguntas no silêncio de seu coração, pois a inveja pode cegar sua opinião sobre si mesmo e fazê-lo enganar-se, pensando que não possui nada de Caim.

Ore, silencie, olhe para dentro de si. A radiografia precisa continuar.

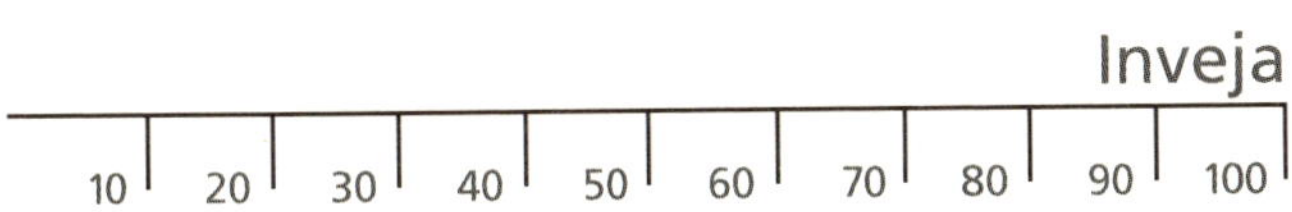

CAPÍTULO VIII

# A soberba

Passemos agora a avaliar outro vício capital que, no princípio, na lista de Santo Tomás, era apenas chamado de vanglória (*Sobre o mal*, questão 9). Há todo um tratado sobre a vaidade como pecado gravíssimo e mortal, por gerar filhas desastrosas à alma humana.

Santo Tomás é muito interessante porque analisa as filhas daquele determinado pecado para mostrar o quanto elas fazem mal à nossa alma. A atualidade desse teólogo do século 13 se deve ao fato de ser ele um profundo conhecedor do coração humano. Certamente, se Santo Tomás dissesse que tal vício é um pecado por si mesmo, muitas pessoas não lhe dariam ouvidos, mas, ao mostrar as consequências na vida humana, ele consegue nos convencer muito mais de sua gravidade.

É como um doente que, mesmo após ouvir do médico quanto mal o cigarro lhe faz, diz que sabe de tudo e continua fumando. E só quando surgem as doenças relacionadas ao fumo, como os problemas coronários ou pulmonares ou a impotência sexual, ou seja, só quando se desenvolvem as filhas do seu vício, é que ele se convence de que precisa parar de fumar. Pena que, muitas vezes, não dá mais tempo. As filhas cresceram, e o estrago já é grande demais.

Nesse caso em particular, Santo Tomás "gasta" toda uma reflexão com os sete vícios que derivam da vaidade, que para ele são superiores a outros pecados: o orgulho, a vanglória, a soberba, a mentira, a autocomiseração, a arrogância e a perversão.

É por essa razão que Santo Tomás, *a priori*, não inclui a soberba na lista dos pecados capitais, mas a qualifica como "pecado supracapital", por estar antes e acima destes e, sobretudo, por estar em todos os outros pecados. É como uma extensão dos demais vícios que se estabelecem e ressurgem nos outros. É a medula dos demais pecados.

Soberba e vaidade se misturam e se confundem como defeitos morais. Seu objetivo é a própria excelência, a exaltação do superego inflamado e do orgulho exagerado.

Hoje muito se fala em autoestima. Os divãs estão lotados de gente com depressão, que não se ama mais e não vê sentido na vida. Mulheres cujos maridos as trocaram por outras mais jovens; atrizes frustradas porque não as chamam mais para papéis de destaque; modelos que não desfilam mais porque estão "velhas" e o seu tempo passou; profissionais liberais que foram substituídos por outros mais jovens, com novas ideias para o mercado; atletas que atingiram a maturidade e não conseguem viver sem o *glamour* dos holofotes. Artistas, cantores, doutores, todos passam por esse nó existencial, sobretudo com o avanço da idade e a chegada do novo, que vêm de forma assustadora e nos convidam a sair de cena, nem sempre de forma educada.

Daí, os sentimentos de tristeza e melancolia crescem, a autoestima diminui, e a depressão surge. As pessoas buscam a solidão como refúgio ou alternativa, assim como o uso do álcool, das drogas, etc. Manter uma imagem positiva de si o tempo todo, mesmo nas situações mais adversas, é privilégio de poucos. Somente aqueles que possuem espiritualidade e sabem que tudo neste mundo passa – ou, como diz a expressão latina: *Sicut transit gloria mundi,* "assim passa a glória do mundo" – é que conseguem isso.

É mister aprender que tudo na vida tem início, meio e fim. Trabalhar a finitude e manter a autoestima ao mesmo tempo é um desafio gigantesco para o homem moderno, que recorre incessantemente a tudo o que existe de moderno para manter a juventude.

O orgulhoso, o soberbo, não consegue lidar com o fracasso e com os limites. Em muitos casos, o fracasso faz parte da história pessoal. Nem sempre conseguimos realizar todos os nossos projetos. Falhamos em alguns e conquistamos outros tantos. É a dinâmica da vida. E nem sempre somos totalmente culpados pelo fracasso. Muitos fatores contribuem para que o fracasso aconteça. Saber lidar com isso e aceitar a falibilidade já é meio caminho andado para driblar a bola da existência.

> A crença de que "eu sempre tenho que vencer e ser o melhor" não pode ser uma norma de vida estabelecida para sempre e em todas as situações.

Existem momentos na vida em que o outro foi melhor, teve o destaque merecido e venceu. É preciso ter uma postura diferenciada diante da vida e saber que você também ganhou, mas de outra e talvez da melhor forma. Quantas vezes o silêncio, o anonimato, a grandeza da alma fazem de nós verdadeiros vencedores? Pois é aí que alcançamos algo muito maior que qualquer troféu, prêmio, medalha, honraria e dinheiro.

Quantos empresários bem-sucedidos e famosos puseram fim à própria vida, pois não conseguiram suportar a solidão e o abandono dos familiares e amigos interesseiros? Deve ser horrível a pessoa perceber que os outros se aproximam dela apenas pelo que ela possui, e não pelo que é.

Não há como fugir das estatísticas, que mostram o maior número de suicídios nas classes A e B. As pessoas de classes sociais mais baixas conseguem, muitas vezes, contornar situações de fracasso com muito mais tranquilidade do que aquelas mais abastadas. Precisamos aprender a controlar essa imagem inflada que temos de nós mesmos para não cairmos em frustrações desastrosas.

Compreendi um pouco melhor essa dinâmica quando li o livro *Mais Platão, menos Prozac*. O autor, Lou Marinoff, nos propõe buscar mais nos pensadores soluções para os problemas humanos, em vez de nos entupirmos de anfetaminas e calmantes.

Geralmente, uma imagem aumentada de si mesmo não corresponde à realidade, e viver buscando esse artifício através da mentira ou da representação nem sempre dá certo. Cedo ou tarde, as pessoas percebem essa fraqueza. Representar a vida inteira não é uma tarefa fácil.

A soberba é muito parecida com a egolatria, porque, no altar do seu interior, o ego reina de modo soberano, e todos os demais devem estar a serviço dele. Ele é o centro das atenções.

A adoração deve ser feita a ele, pois é deus de si mesmo. Todos os incensos são para ele. Há uma liturgia profana que cultua esse deus, cuja autoridade não vem de sua liderança positiva, mas de seu dinheiro e autoritarismo.

A soberba, portanto, é um sentimento negativo, caracterizado pela pretensão de superioridade sobre as demais pessoas, levando a manifestações ostensivas de arrogância por vezes sem fundamento algum em fatos ou variáveis reais. O termo provém do latim *superbia*.

Suas manifestações podem ser individuais, como vimos acima, ou coletivas, quando se estabelece em relações sociais, como o racismo ou a xenofobia, em que grupos, no primeiro caso, e nações, no segundo, que se acham melhores que os demais e até se veem no direito de ditar normas para que os outros observem.

O orgulhoso tem sempre um olhar vertical, de cima para baixo, como se suas pseudoverdades fossem as únicas. Como se seu país fosse o melhor, como se sua língua, sua música, sua cultura fossem as melhores do mundo.

Pessoas assim são insuportáveis, sobretudo quando não reconhecem o valor do outro e de sua cultura como parte de um todo, onde todos são extremamente importantes. Vez ou outra na história surgem povos assim: egípcios, gregos, romanos, americanos, entre outros.

No âmbito religioso, então, isso se torna uma desgraça. Guerras santas para defender propriedades e territórios e poucas convicções religiosas. Em nome da fé, já se matou tanto que tenho certeza de que Deus abominou e "vomitou" de sua boca todos aqueles que matam por religião ou se sentem senhores das almas dos outros.

Só pode ter verdadeira religião aquele que entende de liberdade. Os opressores e senhores da religião são abomináveis. Nesse particular, penso como Pierre-Joseph Proudhon, que afirmou, em 1849, em *O que é a propriedade – princípio do direito e do governo*, seu mais célebre livro: "Aquele que botar as mão sobre mim para me governar é um usurpador, um tirano. Eu o declaro meu inimigo".

Religião tem tudo a ver com liberdade. Foi num ato sublime de liberdade que Jesus deu a vida para nos salvar: "Ninguém me tira a vida, eu a dou livremente".

A atitude de Jesus desbancou Pilatos de toda a sua arrogância como governo e autoridade. Jesus estava mostrando que era livre a ponto de dar sua própria vida. São livres aqueles que amam fazer o bem. São religiosos aqueles que conseguem com suas vidas religar os homens a Deus assim como fazia Jesus.

Os "religiosos" de sua época e de hoje vão ouvir muitas vezes a palavra dura de Jesus, que os chama de "hipócritas". Jesus não mediu esforços para falar com dureza a essa gente, que queria governar os corações dos outros com suas normas e orientações religiosas. Parece que sabiam tudo o que Deus queria e se achavam no direito de determinar o modo como os outros deviam viver, já que "falavam em nome de Deus".

Quantas guerras a humanidade já viveu por causa disso? Cada um defendendo sua religião em vez de defender a vida. Defendendo doutrinas em vez de lutar pelo amor, pela paz e pelo bem comum.

O que salva o homem é uma vida conduzida com honestidade e coerência. Por isso creio que Jesus não se encaixaria em nenhum movimento religioso de sua época. Ele estava acima de tudo aquilo e nos ensina hoje que, para sermos religiosos no verdadeiro sentido da palavra, precisamos viver as palavras de seu discurso na montanha (Mt 5:1-12): "Sermos pacíficos para sermos chamados filhos do Altíssimo". Somente os homens livres poderão entender essa mensagem de Jesus.

Os soberbos e orgulhosos ficam desajeitados diante dessas palavras, pois sua hipocrisia e suas asas de pavão são brilhantes demais para permitir-lhes aceitar essa espiritualidade.

Veja bem, a soberba não é um privilégio dos ricos. Todos podem ter esse sentimento. Até pessoas que não possuem bens materiais podem desenvolver um pensamento soberbo. Os menos favorecidos podem se sentir especiais, superiores, e viverem aquilo que não são.

Não é a condição social o que torna uma pessoa soberba, mas a condição interior. Enquanto o invejoso fica remoendo seus sentimentos por medo de perder privilégios, o soberbo coloca suas asas de fora.

Segundo o conceito do psicanalista americano Abraham Maslow, que fala da "hierarquia das necessidades", o soberbo está no topo da pirâmide. O soberbo não consegue perceber as necessidades do outro. As suas são sempre prioritárias. Desde as fisiológicas até as materiais. "Os outros que se virem", pensam eles.

Chego à conclusão de que soberba não se afina mesmo com religião. São duas vivências excludentes. Os soberbos deveriam ter a coragem de se afastar da religião, seja ela qual for, para não contaminar a genuína forma de pensar e de agir de seu fundador.

O problema é que o soberbo é tão cheio de si que se acha até melhor que sua própria religião. Imagina que, sem ele, a religião não seria tão importante como é. Dá para conversar com gente assim?

> O soberbo quer sempre superar os outros e, quando isso não acontece, é logo dominado pela inveja. Ele deve estar no topo e ser reconhecido, despertar interesse nos outros, ser dominador e interessante.

Ele se sente ameaçado quando percebe que alguém sabe mais, possui mais ou poderá ser ou possuir mais do que ele. Nessas horas, torna-se agressivo, grosseiro e arrogante.

O soberbo pode ser violento quando perde a capacidade de argumentar. Aliás, essa qualidade é raramente encontrada no soberbo. Mesmo quando se dispõe a dialogar com alguém, já tem opiniões preconcebidas, já sabe o que quer e como quer; apenas faz "teatro" para mostrar sua habilidade e sua falsa humildade.

A antítese da soberba é a humildade. Mas faço questão de ressaltar que, muitas vezes, o que se encontra é a falsa humildade. Quando o soberbo percebe que perdeu a peleja, faz com que seu interlocutor sinta comiseração por ele para que, mesmo assim, continue sendo o centro das atenções. Mostra-se bom, religioso, humilde, compreensivo, apenas para despertar o interesse dos outros sobre si e ganhar a atenção. Até nas atitudes mais humildes, mostra seu orgulho e presunção.

Como ele vê o mundo a partir de si, desconhece os demais e de todas as formas precisa mostrar que se saiu bem em determinada coisa. Solidariedade não faz parte de seu vocabulário, e, quando faz algo para ajudar os outros, é preciso que todas as cornetas estejam por perto para tocarem e anunciarem sua obra em prol dos necessitados. Os políticos gostam disso. Sempre há um jornalista por perto para registrar sua "caridade".

Lembro-me de uma artista que me telefonou para dizer que queria contribuir com nosso Instituto, que atende crianças portadoras do vírus HIV. Ela doaria um casaco muito caro para ser leiloado, mas com uma condição: no dia do leilão, os jornais e fotógrafos teriam de ser chamados para registrar a doação. O que poderia ter sido tão edificante e simples, passou a ser um circo.

Quando vejo um pavão por aí, ave a cada dia mais rara, me lembro dessas coisas. Como ele se abre para se fazer notar. Como ele se enfeita para que todos o observem. A única diferença entre nós e ele, o pavão, é que tudo nele é natural, sua natureza é assim, sua genética é assim, ao passo que nós somos fabricados, descartáveis e frágeis demais.

Coloco-me agora diante de mim mesmo e vejo como tenho sido orgulhoso e soberbo. Oro, medito, me calo e, desprovido de vanglória, me avalio, para ter coragem de ver o quão ruim estou e quanto posso melhorar.

O exercício ajuda no autoconhecimento e na superação dos defeitos e limites. Pense com calma sobre este capítulo e sobre as perguntas abaixo. É uma possibilidade ímpar de poder retirar de sua alma aquilo que os outros tanto repudiam em você e, para manter uma boa relação, não têm coragem de dizer.

- Você se acha melhor que os outros?
- Dizem que você é arrogante?
- Tem excesso de vaidade?
- Preocupa-se demais com sua postura, sua imagem, com o que os outros pensam de você?
- Quem está no altar do seu coração? Você, Deus ou o dinheiro?
- Consegue conversar com os outros, ouvi-los, ou faz questão de ser o centro das atenções e o senhor de tudo?
- As pessoas o admiram ou temem?
- Você tem amigos ou está cercado de interesses?
- Sua postura é de humildade e reconhecimento por tudo o que possui, ou acha que merece mesmo tudo o que tem?
- Consegue ser grato a Deus por suas conquistas ou se acha superior demais para agradecer?

Faça sua radiografia com maturidade, frente a um espelho, onde você e sua consciência se encontrem.

Soberba

10 | 20 | 30 | 40 | 50 | 60 | 70 | 80 | 90 | 100

CAPÍTULO IX

# A avareza

A questão 13 de *Sobre o mal* versa a respeito de mais um dos vícios capitais: a avareza. Para Santo Tomás, a filha predileta da avareza é a traição. Ele dedica um estudo inteiro a isso e analisa a traição de Judas, que, segundo a tradição bíblica, era o responsável pelo controle do dinheiro dos apóstolos. A avareza foi a causa principal da traição de Judas a Cristo? Não se pode afirmar com certeza, sobretudo porque, exegeticamente, são vários os fatores que levaram Judas a cometer esse pecado.

Mas aceitamos essa proposição de Santo Tomás porque o avarento é capaz de coisas terríveis para satisfazer suas necessidades materiais. A avareza é um apego exagerado aos bens materiais e um medo descontrolado de perdê-los.

Na tradição cristã, a palavra "avareza" vem traduzida por "ganância", pois o termo é mais abrangente e significativo. O pecado reside exatamente no exagero, já que o avarento não passa de um idólatra materialista, pois trata os bens como a Deus.

O centro de sua vida são as coisas. Perde todo o tempo do mundo e toda a sua energia para conseguir algo. Lidar com pessoas assim é também um desafio muito grande.

> O apego à matéria não tem limites, e o avarento é capaz de cometer erros incalculáveis por causa do dinheiro.

O mundo materialista diz que o motor do universo é o dinheiro. Somos movidos, em todas as nossas ações, pelo dinheiro. A riqueza toma o lugar dos bons costumes, da família, da amizade e das coisas boas da vida.

O desejo de possuir é tão violento que a traição surge com tal força que se mistura com os demais sentimentos de posse, o ciúme, o orgulho e o desprezo.

Não são poucas as amizades que acabaram por causa da traição. Judas é um paradigma para todo ser humano que carrega em si a avareza como norma de vida. Na noite da Quinta-Feira Santa, o beijo de Judas no rosto de Cristo é muito semelhante aos abraços e apertos de mão que os "amigos" se dão e que depois esquecem graças a uma necessidade material e de "sobrevivência".

É como servir uma vasilha de comida a cães que estão há uma semana sem comer. Eles irão devorá-la com tal voracidade que não levarão nada em consideração. Nem parentesco, nem semelhanças, nem amizade. Nada é maior que seu instinto de sobrevivência. Estou falando de animais irracionais, que não possuem discernimento e não conhecem valores como respeito ao outro e a suas necessidades.

O avarento é o centro do mundo.
E crê que, assim como o Sol, tudo
gira em torno dele.

Não sei por que, mas, sempre que tento imaginar um avarento, vejo alguém opulento, sentado num trono, muito parecido com glutões, neuróticos, insuportáveis. Essa é minha imagem, mas há muito avarento magro, esbelto, bem-vestido e de palavras mansas e gestos calculados.

Dante, por exemplo, na *Divina Comédia*, vê os avarentos magros, pálidos, nus, sofridos e deitados, observando o inferno. Quando Dante conversa com o papa Adriano V, mostra a ele a sorte dos avarentos que, no final da vida, sofrem a solidão e a nudez, simbologia para tudo o que perderam, e terão que prestar contas de tudo o que fizeram para conseguir reaver a fortuna.

Jesus nos diz: "Onde está o teu tesouro está o teu coração". Que lucidez a compreensão de Jesus sobre o coração humano!

Nosso tesouro está exatamente onde estão nossas preocupações e atenções. Se passamos o dia todo preocupados com o que vamos comer, com que vamos vestir, aonde vamos comprar, como possuir, como ganhar mais, como dominar, como ter cargos importantes, como adquirir o melhor carro, a melhor casa, a melhor roupa, como vamos impressionar melhor, então, é nisso que está nosso coração – em lugar totalmente oposto ao que nos ensina Jesus.

Já cansei de conversar com pessoas em atendimentos e dizer para que parem um pouco e aproveitem melhor a vida que o Senhor lhes deu, os amigos, a família, as coisas boas da vida.

> Sempre digo para as pessoas aprenderem a olhar o mundo com olhos de poeta e não de comerciante.

Certa vez, uma mulher veio conversar comigo e se disse preocupada porque seu pai estava muito mal no hospital e os médicos lhe informaram que ele não viveria mais muitos dias, e o único arrependimento dele era não ter passado mais tempo ao lado dos filhos. Ela me dizia que o pai nunca tivera tempo de estar com eles: do nascer ao pôr do sol, todos os dias, ele vivia preocupado com o trabalho e o ganho. O tempo passou, e ele quase não viu os filhos crescerem. Agora, a vida cobrava isso dele. O pai havia se tornado uma máquina produtiva, sempre agarrado aos bens materiais. Só que o tempo veio, a doença chegou, a idade pesou e nada pôde impedir o fim. Sobraram as lamentações...

O corpo tem seus limites e pede socorro de vez em quando. Nosso coração não pode suportar uma vida de posses, administrações, negociações, etc. Um coração assim está fadado ao sofrimento.

Um passeio, um filme, uma noite com os amigos, um jantar, um brinde, uma conversa à toa, uma caminhada no parque podem fazer tanto bem ao coração humano quanto o fariam milhões numa conta bancária.

Lembro-me de quando era seminarista e, na época da Semana Santa, fui enviado em missão a um povoado bastante simples, onde as ruas eram de terra. As casas eram muito humildes, assim como as pessoas. Fiquei surpreso e ao mesmo tempo constrangido quando, na hora de dormir, o casal me ofereceu a própria cama e foi deitar-se no sofá da sala. Por mais que eu insistisse, não houve conversa. Eles me viam como uma visita importante, sabiam quem eu estava representando. Fiquei naquele povoado celebrando com eles: durante o dia, entrava nas casas para rezar e visitar os enfermos e, à noite, nos encontrávamos todos na pequena capela, ornada com vasos de barro e flores locais.

Em um certo dia, entrei numa casa e vi uma senhora sentada num banco. Ela logo me convidou para entrar, sentar e tomar um café. Observei que ela possuía um único dente na frente da boca, e o batom, vermelho, que usara para receber "a visita ilustre", realçava-o ainda mais. Eu, em minha ignorância sobre a vida, falei que sabia como era difícil viver ali sem o conforto das coisas da cidade e que ela tivesse "paciência", porque um dia as coisas iriam melhorar, etc. Então, ela me interrompeu e disse: "Missionário, não precisa melhorar nada não, eu sou muito feliz".

Jamais me esqueci desse momento, sobretudo depois de conhecer uma senhora de muitas posses, bons carros, casas, joias, que recebia convites para todos os jantares e festas – uma verdadeira *socialite*. Em nosso primeiro encontro, ela me perguntou: "Padre, para que serve tudo isso se eu não tenho felicidade nenhuma?". Eu quase disse a ela que passasse uns dias naquele povoado e conhecesse aquela senhora de batom vermelho que me ensinou muito e, certamente, também teria muito a ensinar a ela.

A avareza destrói a alma humana. É um câncer. Sutil, lento, destruidor como os vírus, fatal como algumas infecções. Ela cresce por dentro e quase sempre está revestida de bons propósitos.

"Preciso me preocupar com o futuro", "preciso fazer reservas para o dia de amanhã", "está tudo tão difícil", "dinheiro não cai do céu", "Deus ajuda quem cedo madruga" são pensamentos e afirmações comuns, que o avarento usa para camuflar suas intenções. Quando percebe, já está contaminado por essa doença da alma, e redimensionar sua existência se torna muito difícil.

Por isso, quando posso, gosto de voltar à pequena cidade de Assis, no vale da Úmbria, na Itália central, porque lá viveu um homem que compreendeu muito bem a lição do Evangelho e como usar as coisas deste mundo, sem se apegar a elas. Esse homem foi Francisco de Assis, que escolheu como esposa a senhora pobreza. Tudo lá é ao mesmo tempo simples e grande, pois nos transporta a um passado longínquo, quando a máquina ainda não existia e talvez o homem fosse mais feliz.

Como lidar com o dinheiro sem se deixar contaminar por ele? Essa é a grande questão. Como ser um empresário bem-sucedido, um cantor famoso, um administrador de empresas, um político, um governante, ter títulos e honrarias e, ao mesmo tempo, ser simples e desapegado? Como não ser ganancioso ao extremo, a ponto de se tornar incapaz de gestos de solidariedade e caridade para com o próximo?

Como entender a parábola do bom samaritano que Jesus contou aos seus discípulos para ensinar que o próximo é aquele que está perto, precisando de mim? O próximo não é o romântico e poético que serve para preencher novelas e poemas. Mas uma pessoa de carne e osso com problemas concretos, que precisa de nossa ajuda.

Quem ajudou aquele homem que havia sido assaltado por malfeitores foi um samaritano, alguém que não era do time de Jesus e que tinha muito a ensinar. Pois a caridade é maior do que os muros que nos separam.

O ganancioso não consegue perceber que o pouco que ele faz ou doa de si mesmo pode melhorar o mundo em que vivemos.

Será que você já pensa dessa forma? Veja, por exemplo, quantas pessoas participam de campanhas televisivas em prol de entidades assistenciais. Fico atento a essas campanhas porque sempre encontram um jeito de promover certas empresas que fazem questão de participar. Será que sem todo aquele *marketing*, elas estariam na fila? No entanto, como trabalhamos com doações, nossas entidades ficam sempre esperando que um samaritano passe em nossa porta e veja nossas necessidades.

É muito fácil você medir seu grau de avareza. Quantas entidades você ajuda? Quantos gestos de caridade faz por semana? Quantas crianças você já ajudou a sair da rua? Muitas vezes podemos nos lamentar dizendo que tudo está difícil. Porém, podemos deixar de perceber que na verdade é o nosso coração que está endurecendo.

Passemos a analisar a avareza no mundo comercial.

"Há homens nascidos para possuir e que sabem vivificar tudo o que possuem. Outros não o sabem; à sua riqueza falta graça; parece um compromisso firmado com seu caráter. Dir-se-ia que roubam os próprios dividendos. Deveriam possuir aqueles que sabem administrar, não os que acumulam e dissimulam, não aqueles que, quanto mais possuem, mais mendicantes se mostram, porém, aqueles cuja atividade dá trabalho a maior número, abre caminho para todos" (Ralph Waldo Emerson, *A conduta para a vida*, p. 71).

Vejamos o dom daqueles que possuem a capacidade de fazer negócios e dinheiro e, ao mesmo tempo, uma consciência multiplicadora e generosa para distribuir justamente aquilo que pertence a todos. O senso de justiça, e nunca o de ganância, deve reger os negócios. Há uma ética que precisa ser respeitada, segundo a qual o homem é o centro e tudo deve concorrer para o seu bem. Deve haver uma política de distribuição de renda para que todos possam viver com dignidade. A economia deve favorecer igualmente a todos, e não somente aos avarentos espertos que sempre querem a maior parte do bolo.

Por isso, ser cristão no mundo dos negócios é um desafio muito grande. Definitivamente, avareza não combina com cristianismo. São opções excludentes entre si, de modo que nunca poderão trilhar a mesma estrada. Como diziam os antigos, não poderão passar na mesma ponte juntos. Um empurrará o outro para o abismo.

A Bíblia diz: "A quem dá liberalmente ainda se lhe acrescenta mais e mais; ao que retém mais do que é justo, ser-lhe-á em pura perda" (Pv 11:24).

Deus sabe ser bom e generoso com aquele que dá com alegria. A Bíblia está cheia de promessas de bênção para aqueles que usam de generosidade e misericórdia para com os outros.

Ofertar se traduz num gesto de bondade e de partilha e faz parte dos princípios humanitários. "E o que é instruído na palavra reparta de todos os seus bens com aquele que o instrui" (Gl 6:6). Eu costumo dizer aos meus paroquianos: se você acha que não há problema em não participar dos dízimos e ofertas, por que se preocupa em se justificar? Se não faz caridade, não venha querer me convencer de nada; se você não é generoso e justo não queira que eu acredite e "apoie" suas posições. A questão é entre você e Deus. O problema é seu para com Ele, eu não tenho nada com isso.

Do ponto de vista afetivo, o avarento é digno de pena. Geralmente são pessoas isoladas, pois ninguém consegue conviver com uma pessoa que só fala em dinheiro e que nunca abre sua mão para a partilha. Sinceramente, nunca parei para pensar no termo "mão de vaca" que usamos no Brasil. Mas, certamente, ela tem origem no fato de a vaca não ter dedos e de sua pata parecer permanentemente fechada.

O avaro sempre está presente em reuniões das quais possa tirar proveitos. Se faz notar sempre. Está atento a tudo, mas, sobretudo, àquilo que mexe no seu bolso. Espera sempre ser convidado, para não ter que pagar a conta.

Nunca tem confiança em ninguém; ele faz os depósitos, administra, corrige, analisa, vende e compra. Tem sempre a desculpa de que não consegue lidar com a diversidade. Diz-se ortodoxo, tradicional, preferindo continuar com seu esquema ultrapassado de administrar. Pensa que assim corre menos riscos. Em gestão pessoal, prefere ser centralizador, para ter maior controle sobre tudo e todos.

O avaro é absolutista. Seguro de si. Pouco empreendedor, prefere não correr riscos. Para ele, é melhor um pássaro na mão do que dois voando. Esquece que aqueles dois que estão voando são muito mais felizes, pois estão vivendo exatamente o que seu coração está mandando. Ele não consegue entender a liberdade, porque vive preso, e a liberdade é algo que o agride.

Não conheço ninguém mais livre do que Jesus de Nazaré. O pedido que certo homem fez a Jesus para que este o ajudasse num litígio sobre uma herança gerou uma demorada discussão sobre o relacionamento do homem com as riquezas deste mundo (Lc 12:13-34). Jesus adverte contra a ganância e o perigo da avareza. Depois, conta a parábola do homem que se preocupava somente em armazenar suas mercadorias e não temia a Deus. Por fim, mostra que poucas pessoas admitem ser gananciosas e avarentas. Mas, como conhece o coração humano, sabe nos advertir contra esse pecado. Porque se nosso coração estiver preso a esta vida e às coisas materiais em excesso, seremos idólatras, e a Bíblia não conhece outro destino para os idólatras senão o do fogo e do ranger de dentes.

"Tende cuidado e guardai-vos de toda e qualquer avareza; porque a vida de um homem não consiste na abundância dos bens que ele possui" (Lc 12:15).

Meu caro leitor, creio que chegou o momento da sua autocrítica.

- Você é apegado a seus bens materiais?
- Você se considera mesquinho ou alguém já disse isso para você?
- Sabe partilhar seus bens?

- Faz alguma obra de caridade?
- Ajuda os pobres ou é daqueles que acham que todos os pobres são vagabundos?
- Consegue abrir mão de algum bem que possui para fazer outra pessoa feliz?
- Ajuda alguma instituição de caridade?
- Gosta de receber amigos ou pensa sempre nos custos e gastos?
- Consegue tirar férias para descansar ou tem medo de estar esbanjando e gastando demais?
- Preocupa-se demais com o futuro?
- Analisa as economias diariamente?
- É materialista em excesso? Ou tem controle sobre isto?
- Quem governa sua vida, você ou o dinheiro?

Como nos exercícios anteriores, faça silêncio. Não permita que sua autocomiseração lhe diga que não é bem assim e que você não tem nada de avarento. Seja sincero e faça sua análise. Valerá por uma vida.

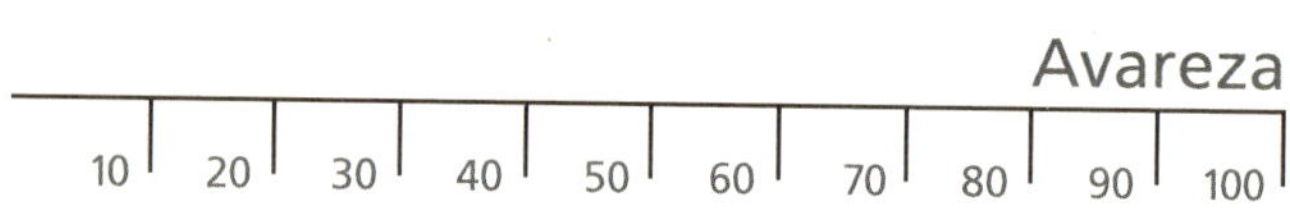

CAPÍTULO X

# A preguiça

É tão bom descansar! É tão bom não ter obrigações e poder se distrair. Quem não gosta de deitar-se numa rede na frente do mar? Quem não gosta de passar momentos agradáveis com as pessoas que ama num lugar tranquilo e prazeroso? Mas onde está o pecado? Por que Santo Tomás incluiu a preguiça na relação dos vícios capitais? Será que a preguiça é tão perigosa assim?

A preguiça parece inofensiva diante dos outros pecados, tão cheios de falhas e tão graves como tumores que destroem a personalidade. Passemos, então, a analisá-la como fizemos como os demais.

Em princípio, na lista de Santo Tomás, falava-se de acídia, uma palavra muito pouco conhecida hoje. Com o tempo, ela perdeu sua força, e passamos a adotar outro nome, preguiça, dando a impressão de que é menos relevante no contexto dessa reflexão moral.

A acídia tem um significado mais solene: tristeza moral, acidez da alma, queimadura interior pelos pecados, sobretudo quando se é dominado por ele e não se tem força para combatê-lo. A acídia só pode ser compreendida como preguiça dos bons costumes e da falta de ascese para se ter uma vida interior digna e honrada.

Desde os primórdios, e por muitos anos, essa "tristeza da alma" foi considerada um pecado capital. Hoje, sob o nome de preguiça, parece que o sentido primitivo da palavra foi esvaziado. Mas não são poucos os moralistas modernos que tentam salvaguardar o conceito de acídia para que o homem contemporâneo possa se servir do seu conhecimento para curar suas feridas interiores.

Houve uma banalização do termo, e nem sempre conseguimos falar com seriedade sobre preguiça como um pecado que estraga a alma.

Muito mais do que um problema léxico, há um problema moral, que não permite ao homem moderno compreender toda a dimensão estrutural de um pecado. Apesar de o catecismo da Igreja empregar preguiça e acídia quase como sinônimos, há diferenças. O difícil é percebê-las e ilustrá-las sem ferir a doutrina cristã.

O problema é realmente muito amplo. Na análise de Santo Tomás, há uma síntese da história humana através dos pecados capitais e de suas filhas que, em suas listas, passavam de 50, mas com terminologia totalmente diferente da que usamos hoje. Com o tempo, as palavras perdem a força e são substituídas. Esse é o caso de acídia.

Para a reeducação moral, é preciso reavaliar os conceitos do passado e conhecer sua origem. Isso serve para todos os demais vícios capitais que analisamos. Entre os séculos 13 e 21 se passaram oito séculos de separação e superação.

No entanto, não há nada de novo no homem que fuja a essa regra. O pecado vai ser sempre original, pois, cada vez que o cometemos, ele será original para nós. Terá uma característica distinta do pecado que o outro cometeu, mesmo que se pareça em tudo com os demais. É muito difícil o homem reinventar o pecado; ele apenas o comete, de formas e em situações diferentes.

Sabemos que essa é uma reflexão doutrinária, e não bíblica, como a lista dos Dez Mandamentos. Não se pode mudar o que está na Bíblia (Êx 10). Mas, em questão de moral, há uma evolução do pensamento que acompanha a evolução do homem. Se não, estaríamos ainda falando para o homem medieval, e não para o homem contemporâneo, com suas necessidades atuais.

> A palavra preguiça tem hoje uma conotação diferenciada, mas não deixa de ser um pecado capital, sobretudo quando nos afasta de Deus e de seu projeto para com nossa felicidade.

Antes de Santo Tomás, foi Cassiano (ano 400) que percorreu os desertos e mosteiros de sua época para analisar e recolher impressões sobre a vida dos monges que se afastavam do mundo para um combate espiritual e uma ascese radical a fim de desenvolver sua espiritualidade e união com Deus. Foi ele, Cassiano, que usou a palavra pela primeira vez quando quis sintetizar a experiência da solidão: "A tristeza e a acídia não costumam originar-se numa motivação exterior. É sabido que com frequência afligem amarissimamente os solitários que vivem no ermo, longe do convívio dos homens. Isso é verdadeiríssimo, e quem quer que tenha vivido nessa solidão e tem experiência (*expertus*) dos combates do homem interior, facilmente o comprova nessas mesmas experiências (*ipsis experimentis*)".

De fato, Cassiano começa o livro X das *Instituições*, dedicado à acídia, falando de como especialmente os solitários estão sujeitos a ela, sobretudo à "hora sexta". E prossegue com o que os monges mais antigos designam por "demônio do meio-dia". As tentações que surgem com a maturidade são mais violentas e desatrosas para a alma humana em comparação com as tentações da adolescência. Essa análise dos pais da espiritualidade monástica vem da experiência.

A acídia se torna um defeito moral por impedir o monge, dedicado à oração, de atingir um nível superior de oração e espiritualidade. Como um monge preguiçoso poderá chegar ao conhecimento de Deus se seus pensamentos divagam nas coisas deste mundo? Se sua mente se perde nos objetos dos desejos e prazeres e se seu coração atribulado não consegue repouso? (*Sobre o mal*, questão 10).

A preguiça, segundo Santo Tomás, diz respeito à tardança na execução das ações: "A preguiça e o torpor (ausência de estímulo) dizem respeito à execução de um certo trabalho. No entanto, a preguiça retarda a ação, enquanto o torpor influencia na própria execução, resultado da falta de fervor, esmero e cuidado em sua realização. Por isso, o torpor necessariamente nasce da acídia. Porque a acídia é a tristeza agravante, daí impede a alma de agir e realizar" (II-II, 54, 2 ad 1).

E como traduzir isso para o homem de hoje, que tem responsabilidades infinitas? Será que vamos conseguir manter a preguiça no rol dos pecados capitais?

O homem moderno, tão cheio de ocupações, quase não tem tempo para a oração, para a prática da caridade, para a frequência dos sacramentos e para os exercícios espirituais.

O trabalho, a ocupação exagerada torna o homem preguiçoso para as coisas de Deus. Não se permite elevar-se até as alturas para as quais Deus o chamou nem realizar sua vocação à santidade. Acha o caminho árduo, difícil e cheio de obstáculos.

Santo Agostinho se perguntava: "O quê? Não conseguirei eu o que tantos conseguiram?", referindo-se à busca pela perfeição. Foi assim que tantos homens e mulheres se tornaram santos, porque conseguiram combater a preguiça espiritual e alcançaram os níveis mais elevados de espiritualidade.

Já estamos compreendendo melhor o significado e a atualidade desse vício capital. Se não almejarmos a santidade, permaneceremos no pecado e ele tomará conta de nós. Se não lutarmos contra o câncer, ele migrará para outros órgãos e nos arruinará.

É preciso combater o mal pela raiz; não podemos ter preguiça de fazer isso.

Lembro-me de que no período de estudos eu tinha que acordar às cinco e meia da manhã para fazer as orações, depois tomar café e sair correndo para as aulas. Que preguiça eu tinha de acordar tão cedo, como fazem tantos trabalhadores para obter o pão de cada dia.

Mas, se eu não tivesse feito aquilo com determinação e coragem, não teria conseguido ser ordenado presbítero. Muitos deixaram a caminhada vocacional para trás. Quando vejo a foto da minha turma, com uns 35 alunos, e penso que somente quatro deles chegaram ao sacerdócio, vejo quanto é difícil, mas também quanto vale a pena, combater a preguiça espiritual. Isso não significa ser mais santo que os demais, mas talvez ser mais determinado e decidido quanto à escolha vocacional. Costumo sempre dizer que temos de ser plenamente realizados em nossa vocação. Caso contrário, seríamos um desastre para a Igreja e para nós mesmos.

No casamento também é assim. Quem não é chamado por Deus para a constituição da família e resolve casar apenas porque todo o mundo casa, ou por medo da solidão, será um péssimo companheiro ou companheira. Vencer essa preguiça vocacional é também um grande desafio para nós.

Superar esses limites é assumir nossa vocação primeira para o amor, assim como fez Jesus: "Eu vim para que as ovelhas tenham vida e tenham em plenitude" (Jo 10:10). É combater o "bom combate" como nos diz São Paulo. "Combati o bom combate, acabei a carreira, guardei a fé" (II Tm 4:7). Temos que ser como soldados nas trincheiras, e não como homens acomodados com a situação pecaminosa em que o mundo vive.

O conformismo é a grande filha da preguiça. "Tudo é assim mesmo", "Não se pode mudar o mundo", "As pessoas são desse jeito", "Somos envolvidos pelos pecados e frutos do meio em que vivemos", "Se não podemos mudar, temos de nos conformar", esses são os pensamentos do homem preguiçoso e acomodado.

Um homem com essa postura nunca sairá do lugar; os anos irão passar, e ele permanecerá o mesmo, sem ter crescido na sua dignidade de filho de Deus e na realização suprema de sua vocação.

No célebre filme *A missão*, de Roland Joffé, o protagonista escala uma cachoeira com uma rede cheia de pesos presa às costas. Por várias vezes, ele se desequilibra e cai sobre as pedras em meio à água, mas sua determinação era grande, pois em seu interior residia uma vontade imensa, quase sobre-humana, de se superar e mostrar que estava arrependido por ter matado seus semelhantes. Era uma questão de honra levar aquela rede até o pico da montanha. Que cena fantástica! Que homem decidido! Assim precisam ser os que pretendem servir a Deus. Destemidos, corajosos, ousados como foi Jesus quando expulsou os vendedores do templo de Jerusalém (Lc 19:45).

São Paulo compreendeu muito bem essa dinâmica da vida cristã. Fala até em guerra espiritual: "Não é contra homens de carne e sangue que temos que lutar, mas contra os espíritos impuros que vagueiam pelos ares" (Ef 6:12). São Paulo nos ensina a usar uma armadura para combater e alcançar a coroa da vitória. "Desde agora, a coroa da justiça me está guardada, a qual o Senhor, justo juiz, me dará naquele dia; e não somente a mim, mas também a todos os que amarem a sua vinda" (II Tm 4:8).

O melhor exemplo de combate espiritual e de determinação é do próprio Jesus. Três quedas antes de chegar ao calvário não foram suficientes para fazê-lo desistir. Ao contrário, os obstáculos aumentavam ainda mais sua fé e sua determinação. Ultrajado como foi e quase sem forças, carregou sua pesada cruz com tal determinação que deixou admirados todos os que estavam pelo caminho. Ele sabia que aquele gesto era santificador e redentor, pois pesava sobre suas costas todos os pecados da humanidade, como está em Isaías: "carregou sobre si todas as nossas faltas e enfermidades" (Is 53:4).

Era uma força sobre-humana que o levava para a frente, sem parar. Vencia a si mesmo como um grande guerreiro destemido e ousado, pois sabia que seu inimigo era grande, mas sua força era maior. Sabia que não podia parar pelo caminho, pois muitos dependiam de sua decisão. Sabia que levava uma missão sublime e que mesmo o sofrimento e a dor seriam de alguma forma recompensados por Deus.

Como nos vemos tão pequenos diante de nossos desafios e como reclamamos por qualquer coisa. Se chove, reclamamos; se faz calor, reclamamos; se temos comida, reclamamos; se não temos, reclamamos mais ainda. Tudo parece servir de desculpa para que não façamos o que nos comprometemos a fazer. Por isso, Jesus se torna modelo de homem capaz de fazer do fracasso da cruz uma vitória para todos.

Os preguiçosos tremem diante de Jesus de Nazaré. Saem à francesa para não ter que enfrentar um homem como este e a si mesmos. Têm vergonha de olhar nos olhos de Jesus e saber que são tão covardes e parasitas diante dos desafios do mundo. São tão pequenos diante de seus pecados que vivem atolados neles como aquele filho da parábola que comia a lavagem dos porcos (Lc 15).

Já disse muitas vezes em retiros que não adianta você pegar um porco sujo e mandá-lo ao *pet shop* para o lavarem, colocar fitinhas, conservá-lo em casa como animalzinho de estimação e esquecer a porta aberta, porque ele vai direto ao chiqueiro, seu *habitat*, e irá se lambuzar na lama para ser fiel à sua origem.

Às vezes, parecemos assim, somos chamados e vocacionados para o amor e para a vida de santidade, mas o "instinto violento", aquele gorila de que falei antes, desperta e nos joga na lama e são poucos os que têm coragem de dizer: "Vou me levantar e vou à casa de meu Pai" (Lc 15). Sou maior que o meu pecado!

> No trabalho, os preguiçosos são verdadeiros parasitas sociais. Nunca conseguem produzir nada, pois estão sempre à espera de que os outros resolvam seus problemas.

Os preguiçosos no trabalho são exploradores, gananciosos, ardilosos para tirar dos outros o que eles não conseguiram possuir com o trabalho. Na verdade, os preguiçosos são os reis da exploração: são filhos que exploram os pais, homens que exploram as mulheres, cafetões que exploram prostitutas, traficantes que exploram suas "mulas", adultos que exploram crianças; enfim, toda forma de exploração humana é abominável!

Numa empresa, é fácil identificar quem são os preguiçosos e parasitas. Eles quase sempre têm alguma desculpa, mostram-se desinteressados, desorganizados e nunca estão dispostos a colaborar, sobretudo fora de seu horário de trabalho. Há algum tempo aprendi que a palavra funcionário deriva de "funcionar", que tem origem no latim *functor, eris*, que significa "cumprir", "desempenhar" determinada tarefa. Imagine o desperdício de tempo e dinheiro de algumas empresas com seus empregados que não funcionam.

Certa vez, ouvi alguém dizer: "Se cada um, de seu jeito, gastasse um pouco mais de sua energia e tempo com a pregação do Evangelho, talvez o mundo não estivesse tão ruim como está". A preguiça não nos deixa fazer isso, no entanto, não nos impede de perder horas em frente à televisão, em longas conversas sem proveito, em maravilhosos passeios pelo mundo das compras para combater o estresse do mundo moderno... Soube de um caso curioso de uma empresária que, quando se internava para fazer cirurgias plásticas numa famosa clínica de São Paulo, comprava joias para se distrair e combater o estresse causado pelo procedimento cirúrgico. E de outra que ia a Milão fazer compras e, ao retornar ao Brasil, se retirava a uma casa de praia para combater o estresse da viagem, que devia ter sido muito cansativa.

A preguiça faz coisas interessantes e às vezes revela o quanto somos fúteis e quão vazias são nossas ações.

Lembro-me de um jornalista que resolveu passar uma semana ao lado de Madre Teresa de Calcutá, na Índia. Pediu as devidas licenças e durante o dia acompanhava a religiosa pelos leprosários, asilos, albergues para enfermos, e podia ver o cuidado e a atenção que ela dispensava a todos, fazendo curativos, dando banho nos doentes, lavando suas feridas e alimentando-os. Uma senhora franzina, de baixa estatura, envolvida num sári muito simples.

No final daquela semana, o jornalista, ao se despedir de Madre Teresa lhe disse: "Querida Madre, nem por 1 milhão de dólares eu faria o que a senhora fez nessa semana". E a religiosa, calma e serena, com um olhar maternal, lhe disse: "Nem eu!".

Por isso é difícil compreender os santos. Muitas vezes até são chamados de intransigentes. Mas, se não forem assim, certamente não conseguirão chegar a lugar nenhum. A determinação é a regra da vida.

Quando um dia cheguei para pregar um retiro numa diocese do Centro-Oeste do país, percebi que ainda faltava muita coisa para ser colocada no lugar antes de começarmos as pregações. Então, tomei a iniciativa e fui arrumando a sala, dispondo as cadeiras, como faço ainda hoje em minha casa e no Instituto. Isso chamou a atenção de uma senhora muito simples, que me disse: "Estou vendo que o missionário não quer perder tempo, pois o tempo é precioso, e, se veio de tão longe, é porque tinha decisão em nos falar alguma coisa". E, de pronto, começou a me ajudar a arrumar o local. Gostei da observação dela sobre não perder tempo.

O mundo poderia ser muito melhor
se não perdêssemos tanto tempo com
tantas coisas inúteis.

Se conseguísssemos passar algumas horas ao lado de mulheres como Madre Teresa talvez soubéssemos administrar melhor nosso tão precioso tempo. A paz, tão desejada por todos, poderia ser uma realidade. As famílias tão assoladas pela violência, pelos desencontros, pelas mentiras, poderiam ter dias melhores se buscassem a vida em oração e a prática de obras de caridade.

Pois aquilo que plantamos hoje é o que colheremos amanhã. "Não erreis: Deus não se deixa escarnecer; porque tudo o que o homem semear, isso também colherá" (Gl 6:7).

Creio que temos material bom e suficiente para analisar nossa condição de preguiçosos. Pelo amor de Deus, não diga a si mesmo que não possui esse vício capital, ainda que em pequena escala.

No início do capítulo, falei que esse pecado parecia inofensivo e que nem sempre é compreendido pelos escritores modernos. Mas agora já vimos o quanto ele é perigoso para a nossa espiritualidade. Se ele crescer, poderá fazê-lo desistir de receber o projeto de Deus em sua vida, fazendo com que seja um pecador assumido e conformado. Esse pecado fará seu castelo ruir, e você se conformará em viver de migalhas em vez de frequentar o banquete real.

Sua preguiça tornou-se a causa de sua ruína. Seu comodismo impediu sua realização pessoal, humana, afetiva e criacional. Você, que foi chamado para O Grande, O Supremo, O Maior, está nivelado por baixo, com os menores, com os que rastejam, com aqueles que não conseguiram compreender a grandeza da vida humana. Pense nisso, prepare-se para responder as questões abaixo e faça a radiografia da sua preguiça.

- Como você tem vivido sua vocação para realizar o projeto de Deus?
- Quanto tempo reserva na sua semana para estar na presença de Deus?
- Quanto tempo você reserva para estar com sua família?
- Quantas vezes sua família o vê em oração?
- Quais os projetos que você elabora ou participa para melhorar a vida no seu bairro, sua escola, sua igreja, seu local de lazer?
- Você ajuda ou é daqueles que gostam de encontrar tudo pronto e ainda criticam?
- Faça uma lista de quantas pessoas já ficaram para trás em sua vida e você nunca mais voltou a procurá-las.
- Faça uma lista dos projetos que já fez e dos que conseguiu realizar.
- Quantas vezes pensou em desistir de ser cristão porque achava a cruz pesada demais?
- Quantas pessoas você já explorou ou enganou?
- Quanto tempo você tem jogado fora em conversas fúteis?
- Quanta preguiça você tem de fazer coisas boas e edificantes?

**Preguiça**

| 10 | 20 | 30 | 40 | 50 | 60 | 70 | 80 | 90 | 100 |
|---|---|---|---|---|---|---|---|---|---|

CAPÍTULO XI

# A luxúria

Propositadamente, deixei a reflexão desse vício capital por último em nossa análise sobre pecados que estão na origem de todos os outros. Isso porque tenho a impressão de que a luxúria está por todos os lados. Mesmo que seja difícil assumir, a verdade é que o sexo e o dinheiro têm governado o nosso mundo.

Comecemos por definir a palavra: "luxúria" vem do latim *luxuria, ae* e significa exatamente "abundância, excesso, luxo". É interessante que, na origem, não havia uma conotação sexual ou coisa parecida, referindo apenas a tudo aquilo que passa dos limites, que não possui freio, regras, controle.

A luxúria é o total descontrole das paixões e dos prazeres. Aqui, reside uma série de pecados, e não só os pecados carnais do sexo.

Aliás, se me permitem uma observação, após tantos anos como confessor percebo que são raros os penitentes que têm uma consciência clara e objetiva de pecado para além do sexo.

As tintas foram carregadas por demais nas igrejas e nas famosas listas que os padres usavam para aplicar penas e castigos. Aquele que já vinha humilhado por aquilo que fez sexualmente, saía mais humilhado ainda pelas duras palavras de seu diretor espiritual.

Lembro-me de um caso que acompanhei de perto. Um menino de apenas nove anos de idade, que teria cometido o pecado de masturbar-se. Depois que ele expressou suas angústias, seu diretor espiritual levantou-se imediatamente e ordenou ao menino que não voltasse mais à prática da penitência enquanto não se livrasse daquele pecado mortal que o estava jogando no inferno.

Acredito que é muito sério jogar uma criança dessa idade, que está descobrindo a sexualidade, no inferno, mas a falta de conhecimento e de maturidade pastoral podem causar desastres como esse.

A mãe da criança veio falar comigo. Disse-me que estava atônita com a postura daquele orientador que, por excesso de pudor, não conseguiu dialogar com seu filho. O excesso é um pecado, sem dúvida, mas nesse caso muito mais do confessor que da criança.

---

Parto do princípio de que sexo não é pecado, é um gesto de amor e de partilha entre duas pessoas que se amam, que terão prazer em suas relações e que estarão, à luz da graça de Deus, dispostas a receber os filhos como uma verdadeira bênção.

---

Foi por meio de um ato sexual que nós nascemos, nem por isso somos filhos do pecado. A luxúria como excesso de luxo, de conforto, de prazer desordenado foi e é condenada nas Sagradas Escrituras. "Comerão, mas não se fartarão; entregar-se-ão à luxúria, mas não se multiplicarão; porque deixaram de atentar ao Senhor" (Os 4:10). A doutrina católica sempre viu esse vício como um distanciamento do caminho para a plenitude da graça de Deus em nossos corações. A luxúria está presente num desvio de conduta ou de prazeres, na corrupção de costumes, na sexualidade extrema, na lascívia e na sexualidade desordenada.

O homem criado por Deus possui uma norma moral e ética em seu coração. Ele sabe perfeitamente quando comete pecados e quando se afasta do plano de Deus. Por isso, após sua falta, Adão se cobriu com folhas quando percebeu que o Senhor se aproximava. A consciência fala mais alto e a tendência primeira é esconder-se. "E Deus disse: Quem te mostrou que estavas nu? Comeste tu da árvore de que te ordenei que não comesses?" (Gn 3:11).

Costumo observar entre os animais o respeito que existe para com a natureza e os instintos de cada espécie. Como os machos se enfeitam para conquistar a fêmea. Nosso amigo pavão, por exemplo, abre completamente sua plumagem para se mostrar à sua candidata. O leão briga com todos os outros machos do grupo a fim de expulsá-los e poder acasalar com todas as fêmeas. É assim com quase todas as espécies. Com o homem não seria diferente. O homem e a mulher também têm necessidades sexuais e, para satisfazê-las, enfeitam-se para atrair a atenção de seu pretendente. As pessoas precisam se casar e para isso procuram outras pessoas que possuam valores morais, religiosos, costumes familiares que se harmonizem com os seus, com quem possam constituir família.

Essa é, aliás, a grande diferença entre nós e os animais. Estes não irão constituir família civil e religiosamente abençoadas por Deus nem fazer promessas de fidelidade conjugal. O animal é fiel ao seu instinto de preservação da espécie. E não há nada de errado nisso.

Com o homem, a preservação da espécie passa pelo amor e pela alteridade. A busca da realização pessoal passa necessariamente pela realização social. Ninguém pode viver sozinho e se sentir realizado. O homem nasceu para viver em grupo, e por isso precisa aprender a respeitar as leis morais desse grupo. Deus não quer um santo sozinho numa montanha e outro santo em outra. Ele quer que, juntos, alcancemos a santidade.

Santo Tomás, na questão 12 de *Sobre o mal*, fala das filhas da luxúria, e já no século 13 observou os pecados que são tão comuns em nossos dias. De cada filha aparecem ainda outros vícios, derivados de uma personalidade doentia e desequilibrada, pois tudo que é exagero é patológico.

Passemos, então, a analisar ao menos os significados dos termos para conhecê-los melhor.

*Prostituição:* venda do corpo como se fosse objeto. A Bíblia atribui o mesmo sentido ao vocábulo "adultério". Uma prática tão antiga quanto a humanidade. Povos antigos trazem a prostituição como um elemento da sua cultura. Em algumas culturas há uma verdadeira veneração aos órgãos sexuais como se fossem deuses. Comprar o sexo sempre deu ao homem um sentido de poder e autoridade sobre a pessoa comprada. No passado, a prostituição masculina era mais velada, mas, hoje em dia, ela ocorre de maneira tão escancarada quanto a prostituição feminina.

A Bíblia sempre compreendeu a prostituição como adultério. Sobretudo quando se trata de trair a verdadeira religião ao deitar-se com falsos deuses. A prostituição muitas vezes estava relacionada ao culto de ídolos. "Pela facilidade da sua prostituição contaminou ela a terra, e adulterou com pedras e com paus." (Jr 3:9).

A Bíblia compreende a prostituição e o adultério como infidelidades ao projeto de Deus e contaminação com os falsos deuses do paganismo.

Diz a Bíblia: "Pois cometeram adultério, e se acha sangue nas suas mãos, e com os seus ídolos cometeram adultério; também fizeram passar pelo fogo para eles, a fim de serem consumidos, aos filhos que me geraram" (Ez 23:37).

*Sodomia:* a palavra tem origem em Sodoma, terra amaldiçoada por Deus no livro do Gênesis pelos abusos sexuais de toda a ordem e pelas inversões sexuais, e designava toda forma de abuso sexual, sobretudo nas relações homossexuais, mas também qualquer ato sexual não reprodutivo ou que fugia à ordem natural. Hoje, o termo designa o coito anal entre dois homens ou entre um homem e uma mulher. "Então o Senhor fez chover enxofre e fogo, do Senhor desde os céus, sobre Sodoma e Gomorra" (Gn 19:24).

A sodomia sempre foi condenada pela cultura judaico-cristã, mas não pela cultura grega. Não podemos esquecer que a cultura cristã nasce num ambiente totalmente hostil à cultura grega.

*Pornografia:* a palavra vem do grego *porno* (prostituição) e *grapho* (escrita), tratado sobre prostituição, escritos obscenos criados para despertar o interesse sexual dos leitores.

Uma definição moderna seria esta: é a representação, por quaisquer meios, de cenas ou objetos obscenos destinados a serem apresentados a um público e também expor práticas sexuais diversas, com o intuito de despertar desejo sexual no observador. Hoje, a palavra tem sentido muito mais amplo, e está presente no cinema, na televisão, na música, na arte e em tantas outras formas de expressão. Existe uma verdadeira indústria da pornografia.

A pornografia quase sempre assume caráter de atividade comercial, seja para os próprios modelos, seja para os empresários do setor.

Não são poucas as famílias com problemas para manter seus filhos longe da pornografia, que está por todos os lados e entra em nossas casas sem pedir licença.

Novelas, filmes, romances e, sobretudo, a Internet fazem a pornografia ganhar espaço cada vez maior em nossas vidas.

O que a censura consegue conter? Qual o controle que se tem sobre essas produções?

*Incesto:* relação sexual e marital entre parentes próximos como filhos e, sobretudo, irmãos. Diz-se que o grande pecado de Calígula, imperador romano, foi o incesto com sua irmã e que isso levou à queda de seu império.

O incesto é considerado pecado pelas maiores religiões do mundo e é tabu em quase todas as culturas, sendo punido como crime. Na maior parte dos países ocidentais, o incesto é proibido por lei, mesmo quando há consentimento de ambas as partes.

Além do mais, há a questão da incompatibilidade genética para a geração de filhos. A Bíblia condena terminantemente o incesto como prática marital. "Um praticou o que é abominável com a mulher do seu próximo, outro contaminou com luxúria sua nora, e outro no meio de ti humilhou sua irmã, filha de seu pai" (Ez 22:11).

*Pedofilia:* vem do grego *pedo* e *philia*, que significa amizade, carinho por crianças. A atração patológica por crianças é considerada uma desordem psíquica, portanto, uma doença e um desvio moral.

O pedófilo é um doente que possui uma visão infantil de sua sexualidade e só consegue sentir prazer quando está na posição de domínio e de controle em relação a uma criança.

Segundo a OMS (Organização Mundial da Saúde), até adolescentes podem ser considerados pedófilos, se tiverem uma preferência sexual persistente em relação a crianças.

Não é sadio, moral e eticamente, alguém se relacionar sexualmente com uma criança, que ainda não se desenvolveu sexualmente. A pedofilia é classificada como uma desordem mental e de personalidade do adulto e, segundo a OMS, um desvio sexual. Os atos sexuais entre adultos e crianças abaixo da idade de consentimento (resultando em coito ou não) é crime previsto no código penal de muitos países. Em alguns países, o assédio sexual a crianças por meio da Internet também constitui crime.

*Zoofilia:* tem origem no grego *zoo* (animal) e *philia* (amizade) e refere-se às relações sexuais entre humanos e animais para prazer daqueles. Consta também do rol dos comportamentos sexuais condenáveis. Outro termo usado para descrever a zoofilia é "bestialidade".

*Fetichismo:* é o desvio do prazer sexual para partes do corpo do parceiro ou até mesmo de objetos que estimulem o prazer, desconsiderando o corpo como um todo. "Os reis da terra, que fornicaram com ela e participaram da sua luxúria, chorarão e se lamentarão sobre ela, ao verem o fumo do seu incêndio" (Ap 18:9).

*Sadismo:* o termo deriva do nome do marquês de Sade, escritor francês, e denota a perversão caracterizada pela excitação e o prazer obtidos por meio da humilhação e sofrimento físico alheios. "Há luxúria na tua imundícia; porque te purifiquei e não foste purificada, não serás purificada nunca da tua imundícia, até que eu tenha satisfeito o meu furor sobre ti" (Ez 24:13).

*Masoquismo:* o termo deriva também de um nome próprio, Masoch, um escritor austríaco, e designa a perversão caracterizada pela obtenção do prazer por meio de sofrimento físico infligido a si próprio. Em termos mais amplos, refere-se a quem gosta de sofrer dor ou humilhação.

> Como consequência grave de todos esses desvios de conduta condenados pela Bíblia e pelas culturas nascem os piores filhos da luxúria, que são o aborto, o estupro e outras violências sexuais.

Não pretendo, em absoluto, esgotar o assunto, mas apenas dar a conhecer alguns termos hoje tão usados pela mídia, dos quais nem sempre conhecemos a origem e o significado. Demorei-me um pouco mais em uns e menos em outros devido à relevância que esses termos têm nos tempos modernos.

Apesar de ser o único animal a possuir o discernimento, o homem é também aquele que usa o sexo de forma desordenada e com sérias implicações em sua personalidade.

Justo o ser humano, o filho de Deus, de vocação tão sublime para o amor, perde o foco de sua existência e vive à mercê de seus instintos primitivos.

Quem pretende levar uma vida de santidade tem a obrigação de controlar seus apetites sexuais e respeitar o limite dos outros. Ultrapassar esses limites é um sinal de desvio de personalidade e até mesmo de loucura.

O mundo hedonista não leva em consideração as necessidades básicas do ser humano, mas se limita ao prazer como sexo, compras, divagações, drogas, etc.

> Muitos dizem que o mal está nos olhos de quem vê, mas sabemos que não é bem assim. Há coisas que possuem o mal em si. Cenas de sexo e de violência estão repletas de mal, não precisam de explicação para quem as vê.

Na Internet, as crianças terão acesso a essas cenas a qualquer hora do dia se não houver controle por parte dos pais. Estamos formando um novo grupo social a partir do universo da Internet. Num futuro não muito distante haverá um novo conceito de sexualidade. Se será melhor ou pior, ainda não podemos afirmar.

Esse é o preço do progresso galopante que, a meu ver, é maravilhoso, mas assustador. Costumo dizer que 30 anos atrás estávamos na Idade Média. Tudo acontece muito rápido, e tudo é descartado muito rápido. Em poucos dias, são jogados fora objetos e pessoas que não se encaixam na correria do mundo.

O mundo hedonista é o império do descartável. Não se veem as pessoas por dentro, por suas qualidades, mas pelo aspecto físico. Os mais idosos sofrem neste mundo descartável, pois, apesar de tanta experiência, são muito pouco aproveitados. Aos 40 anos, as pessoas já começam a encontrar problemas para enfrentar o mercado de trabalho.

A luxúria tem tudo a ver com isso, pois, num mundo onde se valoriza o supérfluo, são o corpo e o sexo, com seus exageros, que determinam a moda. Quem quiser remar contra essa corrente terá que ter muita coragem.

Certa vez, num retiro, um grupo de jovens me disse que é difícil ser "careta", mas que eles preferem assim. E muitos, para minha surpresa, ainda pensam em manter a virgindade até o casamento. Aliás, o dia em que fui mais aplaudido foi num congresso para jovens católicos em São Paulo, quando disse que para se formar uma família era preciso amor e responsabilidade e que não se constitui uma família num final dc scmana. Coisas que o mundo da luxúria desconhece.

Não quero de forma alguma ser moralista, aliás, minha intenção é ser humanista e, como Jesus, tentar compreender os limites da pessoa e lhe propor uma mudança de vida. Não houve em Jesus gestos de condenação e expulsão, mas sempre de acolhida e de amor, no sentido de dar oportunidade ao outro de recomeçar sua história. "E ele lhe disse: Filha, a tua fé te salvou; vai em paz, e sê curada deste teu mal" (Mc 5:31).

A atitude de Jesus é sempre a de um homem misericordioso diante do pecador, da prostituta, do centurião romano, de Pilatos, mas, sobretudo, diante de Judas, que era parte de sua família.

Portanto, podemos concluir que a luxúria é uma doença da alma, que desvia o sexo de seu verdadeiro papel. Que torna o homem doente (*pathos*), pois tudo que se dá de forma desregrada pode incorrer em patologia. Muita gente que vem à igreja com problemas sexuais precisa também de um psicanalista que o ajude a compreender melhor sua sexualidade.

Santo Tomás nos diz que *gratia non tollat naturam, sed perficiat* (A graça não suprime a natureza, ela a aperfeiçoa). A graça de Deus não anulará no homem aquilo que lhe é inerente, natural, mas o conduzirá ao âmbito do divino. Essa graça é sobrenatural e não antinatural, como querem alguns pregadores, quando colocam todos os seus interlocutores num mesmo balde de óleo fervente para pagarem seus pecados. Na sua encarnação, Jesus assumiu a condição humana em todas as suas dimensões e se fez homem, assim como o homem foi feito de Deus; por isso, Ele pode compreender as virtudes e os limites da criatura, segundo nos diz Santo Agostinho.

Com todo o respeito que você merece como filho de Deus, coloque-se diante do Senhor e faça agora seu exercício. Tenho certeza de que você ficará maior depois dele e terá coragem de colocar tudo em seu devido lugar, como se estivesse arrumando a casa, cômodo por cômodo, sem pressa. Não deixe lixo sob os tapetes, nem teias de aranha escondidas atrás dos armários, nem roupa suja no fundo da gaveta. A limpeza tem que ser total. Então, mãos à obra.

- Como você tem vivido sua sexualidade?
- Você seleciona o que sua família vê e ouve?
- Como você se comporta diante das mulheres/homens no seu local de trabalho e de lazer?
- Sabe respeitar os limites dos outros?
- Tenta sempre tirar proveito da situação?
- Se acha atraente demais?
- Se sente o centro das atenções?
- A quantas anda sua fidelidade matrimonial?
- Você se sente sexualmente atraído por crianças? Tem fetiches?
- Precisa de subterfúgios para alcançar o prazer sexual?
- Tem controle sobre suas fantasias?
- Tem controle sobre seu sexo? Quem governa quem?
- Gosta de manter conversas frívolas e de assistir a filmes eróticos?
- Quem determina suas ações, sua inteligência ou seus instintos?

Luxúria

10 | 20 | 30 | 40 | 50 | 60 | 70 | 80 | 90 | 100

CAPÍTULO XII

# Radiografia da alma

Agora chegou o momento de você fazer a radiografia da sua alma e descobrir o quanto ainda precisa ficar livre dos vícios capitais. Para isso, transfira para o gráfico da página seguinte o número que marcou para cada pecado, junte os pontos e pinte. A seguir, um exemplo. Uma pessoa considerou ter 80 de gula, 30 de ira, 50 de inveja, 20 de soberba, 90 de avareza, 60 de preguiça e 40 de luxúria. Sua radiografia, portanto, ficou assim:

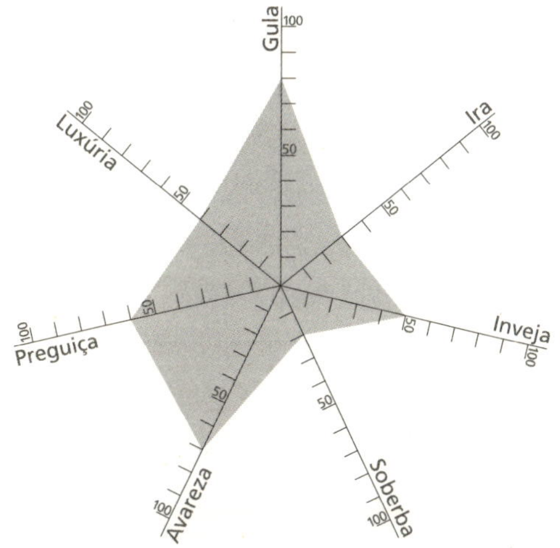

Agora, é a sua vez. Utilize o gráfico abaixo para ver o tamanho da mancha que precisa ser curada. Reflita sobre o que precisa melhorar e como pode fazer isso e, com certeza, verá a parte escura da sua radiografia diminuir a cada vez que reler o livro. Sugiro que você refaça o exercício daqui a seis meses e um ano – para isso, utilize o gráfico das páginas seguintes – para acompanhar se houve mudanças concretas ou se está estagnado e por quê.

## Sua radiografia hoje

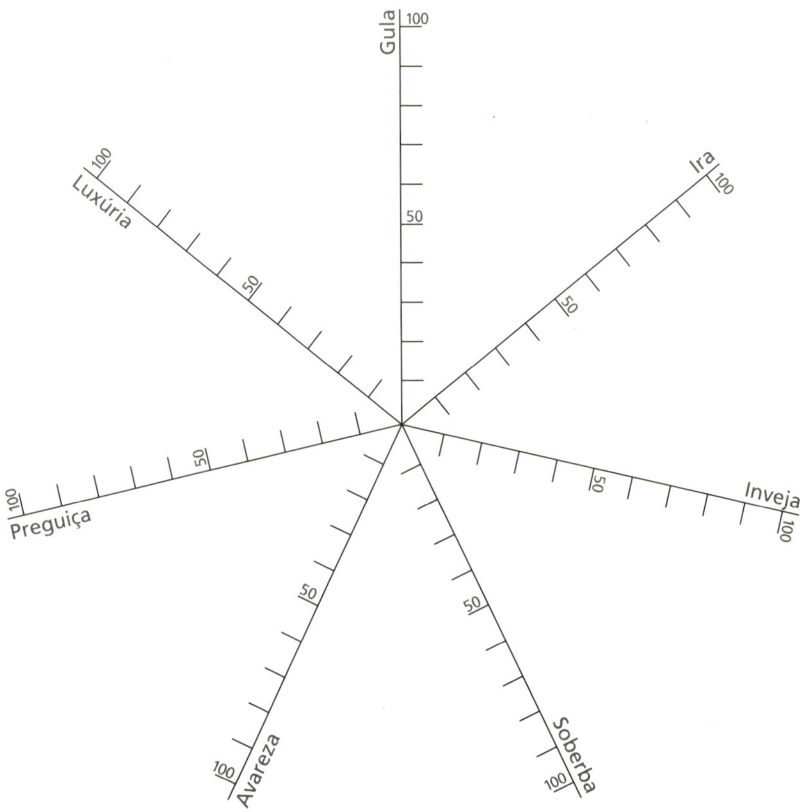

## Sua radiografia seis meses depois

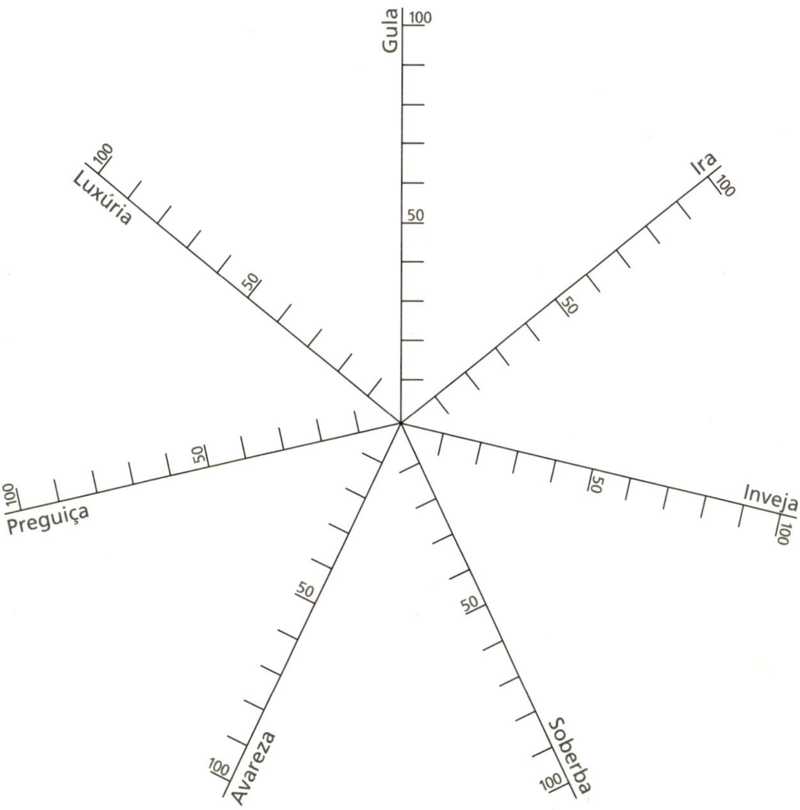

## Sua radiografia um ano depois

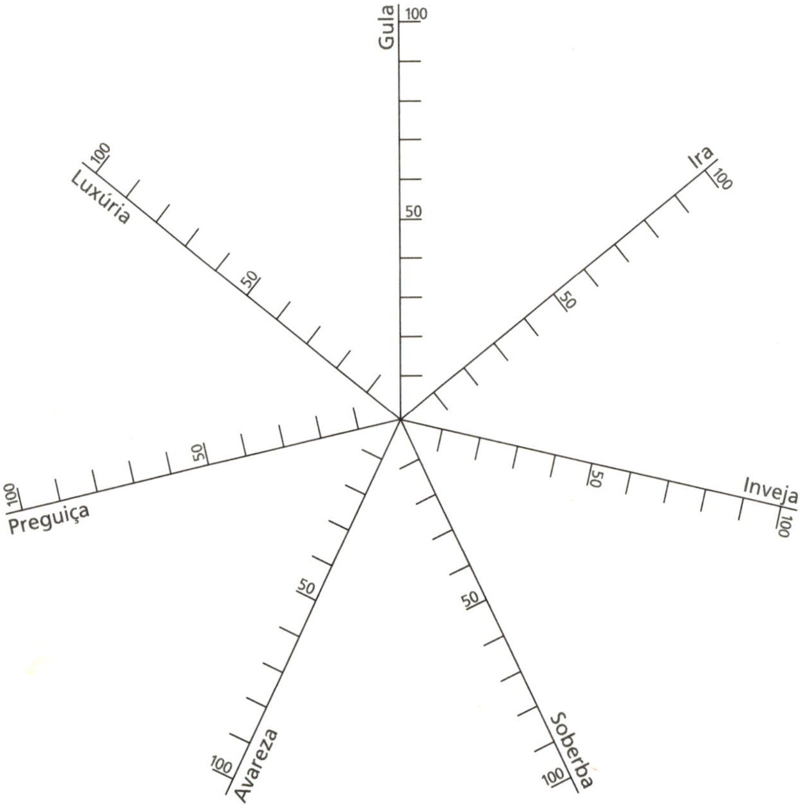

# Conclusão

Sinto-me profundamente feliz por ter conseguido terminar este ensaio, mas sei que ainda há muito a ser explorado e enriquecido. Tenho certeza de que um assunto tão amplo como este pode e deve ser muito trabalhado pelos mais diversos autores de diferentes áreas do conhecimento.

Confesso que tentar escrever algo sobre os pecados capitais baseado no grande e insuperável Santo Tomás de Aquino – fonte da qual muitos bebem ainda hoje – me parecia extremamente complicado, e de fato é. Mas creio que dei ao menos um passo interessante ao colocar nas mãos do leitor uma abordagem diferente do assunto. Cabe agora a cada um refletir e, de modo particular, fazer de tempos em tempos seus exercícios de espiritualidade.

Depois de 20 anos de retiros e pregações, sentia-me na obrigação de colocar minha prática no papel, para transmitir um pouco do que experimentei e aprendi nesses anos todos. A cada vez que aplicava o exercício aos meus fiéis era sempre eu mesmo quem saía ganhando algo para minha vida.

Analisar nossos próprios defeitos não é tarefa fácil nem prazerosa. Olhar para o espelho é uma experiência de confronto consigo mesmo. Passar a vida toda sem analisar esses vícios e perder a chance de livrar-se deles e crescer como cristão é deixar que as manhas, que aqui chamamos de sombras, tomem conta de nossa alma, lugar privilegiado de luz e da presença de Deus. Confrontar a si mesmo é cruzar o deserto da solidão decidido a carregar sua cruz e seguir em frente.

Espero ter conseguido despertar em você o interesse vital pelo autoconhecimento e o desejo de crescer cada vez mais e aproximar-se das grandes coisas que Deus reservou para sua vida.

Se, no final destes exercícios, você tomar decisões sábias e corajosas, como deixar de beber em excesso e de fumar, ou passar a cuidar mais da sua saúde, respeitar mais as opiniões dos outros, levar uma vida mais simples, ser mais amigo, mais amável e amado, mais fraterno e solidário, mais apaixonado e apaixonante, envolvente e dócil como o canto de São Francisco de Assis, mais terno e sincero como Jesus de Nazaré, tão grande e tão pequeno ao mesmo tempo, estarei convicto de que meu trabalho valeu a pena.

"Até que todos cheguemos à unidade da fé, e ao conhecimento do Filho de Deus, o homem perfeito, à medida da estatura completa de Cristo, para que não sejamos mais meninos inconstantes, levados em roda por todo o vento de doutrina, pelo engano dos homens que com astúcia enganam fraudulosamente. Antes, seguindo a verdade em amor, cresçamos em tudo naquele que é a cabeça, Cristo, do qual todo o corpo, bem ajustado, e ligado pelo auxílio de todas as juntas, segundo a justa operação de cada parte, faz o aumento do corpo, para sua edificação em amor" (Ef 4:13-16).

# Bibliografia

Todas as citações da Bíblia foram tiradas da versão que está no *site*: www.bibliaonline.com.br.


ALARCÓN, E.; FAITANIN, P. *Atualidade do tomismo*. Rio de Janeiro: Sétimo Selo, 2008.

AZPITAR, Eduardo. *Ética sexual*. São Paulo: Paulinas, 1991.

*Catecismo da Igreja Católica*. Rio de Janeiro: Vozes, Paulinas, Loyola e Ave Maria, 1993.

EICHER, Peter. *Conceitos fundamentais de teologia*. São Paulo: Paulus, 1993.

FAITANIN, P. *A dignidade do homem*: a antropologia filosófica de Santo Tomás de Aquino. *Cadernos da Aquinate,* n. 6. Niterói: Instituto Aquinate, 2009.

FIORES, Stefano de; GOFFI, Tullo. *Dicionário de espiritualidade*. São Paulo: Paulus, 1997.

JUNG, C. G. O bem e o mal na psicologia analítica. In: *Civilização em transição*. Petrópolis: Vozes, 1993.

OCANÃ, Ema Martinez. *A sabedoria de integrar as sombras*. Lisboa: 2008.

PIERI, P. F. (Org.). *Dicionário junguiano*. São Paulo: Paulus, 2002.

SADER, E. (Org.). *7 pecados do capital*. Rio de Janeiro: Record, 1999.

Santo Tomás de Aquino. Sobre o mal. In: *Suma teológica*. v. IV. São Paulo: Loyola, 2005.

VIDAL, Marciano: *Para conhecer a ética cristã*. São Paulo: Paulinas, 1993.

Este livro foi composto em Dante
para a Editora Planeta do Brasil
em novembro de 2010